Subalterno/a
del Cabildo Insular
de Gran Canaria

Octubre, 2024

Curso
MAD360

*La diferencia entre aprobar
y sacar plaza*

Subalterno/a

CABILDO INSULAR DE GRAN CANARIA

Accede a tu **Curso MAD360** y disfruta de los siguientes recursos:

- Técnicas de Memoria 360.
- MADTEST: Test nivel PRO.
- Temario en formato digital.
- Vídeos.
- Esquemas.
- Planificación de estudio.
- Foro entre opositores hasta la fecha del examen.*
- Recursos y novedades exclusivas.
- Consulta sobre la oposición y el proceso selectivo.
- Actualizaciones legislativas (Boletines Oficiales) hasta 60 días antes de la fecha del examen.*

Para acceder al Curso MAD360** será necesaria la compra de todos los libros para esta especialidad de la edición 2024.

Valida los códigos que encuentras en la última página de tus libros y disfruta de la experiencia MAD360.

Infórmate en: mad.es/registro-campus

NOTA IMPORTANTE:

* Examen de esta categoría profesional correspondiente a la convocatoria publicada en el BOE núm. 200, de 19 de agosto de 2024, o hasta el 30 de septiembre de 2025, lo que se cumpla antes.

** El acceso al CURSO MAD360 estará disponible desde octubre de 2024 (algunos recursos podrían estar disponibles en fecha posterior). Tendrá una duración de 365 días, desde la validación de códigos, o hasta el 31 de marzo del 2026, lo que se cumpla antes.

MAD se reserva el derecho a ampliar dichas fechas.

Subalterno/a del Cabildo Insular de Gran Canaria

Test del temario

Autores

FRANCISCO JESÚS TORRES FONSECA
Licenciado en Derecho

LIDIA PONCE MARTÍNEZ
Licenciada en Psicología

MAGALÍ RIERA ROCA
Licenciada en Derecho

CARLOS TOJEIRO ALCALÁ
Ingeniero Informático
Titulado MCP de Microsoft

JUAN CARLOS USERO LÓPEZ
Licenciado en Derecho
Funcionario del Cuerpo Superior de Administradores Generales de la Junta de Andalucía
Consejero Técnico

© 7 Editores Recursos para la Cualificación Profesional y el Empleo, S.L. (7 Editores)
© Los autores
Primera edición, octubre 2024 (100 páginas)
Derechos de edición reservados a favor de 7 Editores
IMPRESO EN ESPAÑA
Diseño Portada: 7 Editores
Edita: 7 Editores
Avda. San Francisco Javier, 9 · Edificio Sevilla 2 · Planta 11 · Módulos 25-27 · 41018 Sevilla
Teléfono: 954 784 411 · WEB: www.mad.es · e-mail: administracion@7editores.com
ISBN: 978-84-142-8656-2
© "Editorial Mad" y "Eduforma" son nombres comerciales registrados de
7 Editores Recursos para la Cualificación Profesional y el Empleo, S.L.

Índice

PARTE COMÚN

TEST N.º 1

La Constitución Española de 1978

1. ¿En qué se fundamenta la Constitución Española?

a) En un Estado social y democrático de Derecho.
b) En la indisoluble unidad de la Nación española.
c) En la independencia de los poderes del Estado.

2. Según el artículo 3 de la CE, el castellano es la lengua oficial del Estado y todos los españoles:

a) Tienen el deber de usar y el derecho de conocer el castellano.
b) Tienen el derecho y el deber de conocer el castellano.
c) Tienen el deber de conocer y el derecho de usar el castellano.

3. La Constitución Española reconoce y garantiza el derecho a la autonomía:

a) De las nacionalidades que la integran.
b) De las regiones que la integran.
c) De las nacionalidades y regiones que la integran.

4. Señala la respuesta correcta, respecto de la aprobación, ratificación y publicación de la Constitución Española:

a) Aprobada por las Cortes el 31 de octubre de 1978, ratificada por el pueblo en referéndum el 6 de diciembre de 1978 y publicada el 29 de diciembre de 1978.
b) Aprobada por las Cortes el 30 de octubre de 1978, ratificada por el pueblo en referéndum el 16 de diciembre de 1978 y publicada el 27 de diciembre de 1978.
c) Aprobada por las Cortes el 31 de octubre de 1978, ratificada por el pueblo en referéndum el 16 de diciembre de 1978 y publicada el 29 de diciembre de 1978.

5. ¿En qué parte de la Carta Magna se establece la exposición de motivos que impulsan la norma constitucional y los objetivos que con ella se pretenden alcanzar?

a) En el Título Preliminar.
b) En el Preámbulo.
c) En el Título I.

6. La Constitución Española fue sancionada por:

a) El Rey.
b) El Presidente del Congreso.
c) Las Cortes Generales.

7. ¿Cuál de los siguientes es considerado por la CE como uno de los valores superiores del ordenamiento jurídico?

a) La jerarquía normativa.
b) El pluralismo político.
c) La publicidad normativa.

8. La forma política del Estado español es:

a) Democracia parlamentaria.
b) Gobierno parlamentario.
c) Monarquía parlamentaria.

9. La parte de la CE que regula la estructura de los principales órganos del Estado recibe el nombre de:

a) Parte dogmática.
b) Parte orgánica.
c) Parte estatal.

10. Según la CE, la soberanía nacional:

a) Corresponde a las Cortes Generales, al estar compuestas por los representantes del pueblo.
b) Corresponde al Rey.
c) Reside en el pueblo español.

11. ¿En qué parte de la Carta Magna se señalan los valores superiores del ordenamiento jurídico?

a) En el Preámbulo.
b) En el Título Preliminar.
c) En el Título I.

12. ¿Cuál de las siguientes es una de las características de nuestra Constitución de 1978?

a) Consensuada.
b) Corta.
c) Conservadora.

13. ¿Qué quedará excluido de extradición?

a) Los delitos criminales.
b) Los delitos políticos.
c) Los actos de terrorismo.

14. ¿Qué debe ser democrático, a tenor de lo dispuesto en la Constitución Española, en los sindicatos de trabajadores y las asociaciones empresariales?

a) Su funcionamiento.
b) Su estructura interna.
c) Su funcionamiento y estructura interna.

15. ¿De cuántos Capítulos consta el Título I de la CE de 1978?

a) De tres.
b) De cinco.
c) De dos.

16. El derecho a la propiedad en nuestra Constitución es un Derecho:

a) Inherente a la condición humana.
b) Absoluto.
c) Que está limitado por la función social de la misma.

17. Dispone la Carta Magna que todos contribuirán al sostenimiento de los gastos públicos de acuerdo con su capacidad económica mediante un sistema tributario justo inspirado en los principios de:

a) Legalidad y equidad.
b) Igualdad y progresividad.
c) Publicidad y legalidad.

18. Según la Constitución, el Estado es:

a) Apolítico.
b) Aconfesional.
c) De bienestar social.

19. El derecho a la vida se consagra en el siguiente artículo de la Constitución:

a) 10.
b) 16.
c) 15.

20. La pena de muerte en España:

a) Ha quedado abolida.
b) Puede aplicarse en cualquier momento.
c) Solo se aplicará, en tiempo de guerra, a los militares.

21. La inmediata puesta a disposición judicial derivada del habeas corpus, se produce por:

a) Detención ilegal.
b) Prisión ilegal.
c) Prisión preventiva.

22. El proceso en el que se enjuicie a un presunto delincuente debe:

a) Ser sumario.
b) No dilatarse.
c) Entorpecer los instrumentos probatorios.

23. La entrada en un domicilio en caso de flagrante delito, sin autorización de su titular:

a) Puede dar lugar a la aplicación del habeas corpus.
b) Requiere autorización previa de la autoridad judicial.
c) Puede efectuarse en todo momento.

24. Cuando, al conocerse la comisión de un delito por una persona, se acude a su domicilio para detenerla:

a) Está obligada a franquear la entrada.
b) Se necesitará autorización judicial para entrar, si no da su consentimiento para ello.
c) Pese a que no dé su consentimiento, se puede entrar.

25. La autorización previa para celebrar una manifestación pública:

a) La da el Subdelegado del Gobierno en la Provincia.
b) Es ineludible.
c) Sería inconstitucional.

26. El tipo de sufragio que consagra la Constitución es el:

a) Proporcional.
b) Universal.
c) Censitario.

27. Además de la no autoinculpación, la Constitución prevé que no se está obligado a declarar sobre un hecho presuntamente delictivo en caso de:

a) Parentesco y afinidad.
b) Cláusula de conciencia.
c) Secreto profesional.

28. Los Tribunales de Honor están prohibidos respecto de los/la/las:

a) Sindicatos y Organizaciones Profesionales.
b) Administración Civil y Militar.
c) Organizaciones Profesionales y la Administración Civil.

29. El secreto profesional, constitucionalmente, sirve para:

a) Ejercer con libertad una profesión titulada.
b) La libertad de creación científica y técnica.
c) No declarar sobre hechos presuntamente delictivos.

30. La fundación de una Internacional Sindical por un sindicato español:

a) Es libre.
b) Está prohibida.
c) Debe plasmarse en un Tratado Internacional.

31. El ejercicio del derecho de petición a través de una manifestación ciudadana:

a) No se admite.
b) Se admite en algún caso.
c) Se admite, salvo para los militares.

32. Nuestro sistema tributario ha de ser:

a) Regresivo e igualitario.
b) Progresivo y generalizado.
c) Confiscatorio.

33. Las Fundaciones son:

a) Entidades constituidas para fines de interés general.
b) Administración Corporativa.
c) Entidades privadas con fines de carácter también privado.

34. La asistencia de todo orden a los hijos habidos extraconyugalmente:

a) No está prevista en la Constitución.
b) Es un deber de los padres.
c) Se dispensará por Instituciones de Beneficencia.

35. La especulación urbanística, según la Constitución:

a) Debe evitarse.
b) Está permitida.
c) Genera plusvalías para la colectividad.

36. No es susceptible de recurso de amparo el derecho a la/de:

a) Sindicación.
b) Investigación científica.
c) Secreto de las comunicaciones.

37. No es susceptible de recurso de amparo el derecho de:

a) Libertad de cátedra.
b) Negociación colectiva.
c) Manifestación.

38. Es susceptible de recurso de amparo el derecho a la/de:

a) Libre sindicación.
b) Petición.
c) Ambos son susceptibles de recurso de amparo.

39. Una vez declarado el estado de excepción no se puede suspender el derecho/ libertad de:

a) Huelga.
b) Enseñanza.
c) Adopción de medidas de conflicto colectivo.

40. Durante el estado de excepción, un detenido conserva el derecho de/a:

a) Setenta y dos horas para ser puesto a disposición judicial.
b) Secreto de comunicaciones.
c) Asistencia de Letrado.

41. Se puede suspender, con motivo de investigaciones relativas a bandas armadas, el derecho de:

a) Huelga.
b) Inviolabilidad del domicilio.
c) Libertad de circulación.

42. Nuestra Constitución trata de los derechos y deberes fundamentales de los españoles en su Título I, denominado:

a) De los derechos y deberes fundamentales.
b) De los deberes de los españoles.
c) De los derechos de los españoles.

43. ¿En qué artículos de nuestra CE se recogen los derechos fundamentales y de las libertades públicas?

a) En los artículos 10 a 43.
b) En los artículos 25 a 38.
c) En los artículos 15 a 29.

44. Puede instar la reforma de la Constitución el/los/las:

a) Asambleas Legislativas de las Comunidades Autónomas.
b) Presidente del Gobierno de la Nación.
c) Consejos de Gobierno de las Comunidades Autónomas.

45. No puede instar la reforma de la Constitución el/los:

a) Presidente del Gobierno de la Nación.
b) Gobierno de la Nación.
c) Congreso de los Diputados.

46. En el procedimiento ordinario de reforma constitucional, el referéndum es:

a) Obligatorio en todo caso.
b) Preceptivo cuando se solicite por una décima parte de los Diputados o Senadores, dentro de los quince días siguientes a la aprobación de la reforma.
c) Voluntario en cualquier caso.

47. La disolución de las Cortes Generales, cuando se va a proceder a la reforma de la Constitución, se produce en caso de:

a) Reforma por el procedimiento excepcional.
b) Reforma por el procedimiento ordinario.
c) Cualquier tipo de reforma.

48. No puede iniciarse la reforma constitucional en:

a) Tiempo de guerra.
b) El supuesto de que el Rey no lo estime oportuno.
c) Un período extraordinario de sesiones de las Cámaras.

49. En el procedimiento general de reforma constitucional, en principio, el proyecto de reforma debe ser aprobado por:

a) El Congreso de los Diputados por mayoría de dos tercios.
b) El Congreso de los Diputados y el Senado por mayoría de tres quintos.
c) Ambas Cámaras, por mayoría absoluta.

50. El procedimiento excepcional de reforma está previsto en caso de intentarse esta respecto del siguiente Título de la Constitución:

a) Cualquiera.
b) Segundo.
c) Tercero.

Solución al test n.º 1

1. b) En la indisoluble unidad de la Nación española.

2. c) Tienen el deber de conocer y el derecho de usar el castellano.

3. c) De las nacionalidades y regiones que la integran.

4. a) Aprobada por las Cortes el 31 de octubre de 1978, ratificada por el pueblo en referéndum el 6 de diciembre de 1978 y publicada el 29 de diciembre de 1978.

5. b) En el Preámbulo.

6. a) El Rey.

7. b) El pluralismo político.

8. c) Monarquía parlamentaria.

9. b) Parte orgánica.

10. c) Reside en el pueblo español.

11. b) En el Título Preliminar.

12. a) Consensuada.

13. b) Los delitos políticos.

14. c) Su funcionamiento y estructura interna.

15. b) De cinco.

16. c) Que está limitado por la función social de la misma.

17. b) Igualdad y progresividad.

18. b) Aconfesional.

19. c) 15.

20. a) Ha quedado abolida.

21. a) Detención ilegal.

22. b) No dilatarse.

23. c) Puede efectuarse en todo momento.

24. b) Se necesitará autorización judicial para entrar, si no da su consentimiento para ello.

25. c) Sería inconstitucional.

26. b) Universal.

27. c) Secreto profesional.

28. c) Organizaciones Profesionales y la Administración Civil.

29. c) No declarar sobre hechos presuntamente delictivos.

30. a) Es libre.

31. a) No se admite.

32. b) Progresivo y generalizado.

33. a) Entidades constituidas para fines de interés general.

34. b) Es un deber de los padres.

35. a) Debe evitarse.

36. b) Investigación científica.

37. b) Negociación colectiva.

38. c) Ambos son susceptibles de recurso de amparo.

39. b) Enseñanza.

40. c) Asistencia de Letrado.

41. b) Inviolabilidad del domicilio.

42. a) De los derechos y deberes fundamentales.

43. c) En los artículos 15 a 29.

44. a) Asambleas Legislativas de las Comunidades Autónomas.

45. a) Presidente del Gobierno de la Nación.

46. b) Preceptivo cuando se solicite por una décima parte de los Diputados o Senadores, dentro de los quince días siguientes a la aprobación de la reforma.

47. a) Reforma por el procedimiento excepcional.

48. a) Tiempo de guerra.

49. b) El Congreso de los Diputados y el Senado por mayoría de tres quintos.

50. b) Segundo.

TEST N.º 2

Ley Orgánica 3/2018, de 5 de diciembre, de Protección de Datos Personales y garantía de los derechos digitales

1. ¿En virtud de qué principio previsto por el Reglamento General de Protección de Datos, los datos personales serán adecuados, pertinentes y limitados a lo necesario en relación con los fines para los que son tratados?

a) Principio de limitación de la finalidad.
b) Principio de responsabilidad proactiva.
c) Principio de minimización de datos.

2. Según el artículo 5 del Reglamento (UE) 2016/679, de 27 de abril, relativo a la protección de las personas físicas en lo que respecta al tratamiento de datos personales y a la libre circulación de estos datos, los datos personales serán tratados, en relación con el interesado, de manera lícita, leal y:

a) Fiable.
b) Segura.
c) Transparente.

3. Según el Reglamento (UE) 2016/679, de 27 de abril, relativo a la protección de las personas físicas en lo que respecta al tratamiento de datos personales y a la libre circulación de estos datos, para poder considerar que el consentimiento del interesado para el tratamiento de sus datos personales es inequívoco:

a) Se requerirá declaración jurada del interesado donde manifieste su conformidad.
b) Se precisa contrato de cesión de datos personales.
c) Deberá existir una declaración del interesado o una acción positiva que manifieste su conformidad.

4. El RGPD lo define como la persona física o jurídica, autoridad pública, servicio u otro organismo que trate datos personales por cuenta del responsable del tratamiento:

a) El Delegado.
b) El Encargado.
c) El Representante.

5. Conforme al artículo 5.1 de la LO 3/2018, estarán sujetas al deber de confidencialidad:
a) Únicamente los responsables del tratamiento.
b) Los responsables y encargados del tratamiento.
c) Los responsables y encargados del tratamiento de datos así como todas las personas que intervengan en cualquier fase de este.

6. Conforme a los artículos 4.11 del RGPD y 6.1 de la LO 3/2018, se entiende por consentimiento del afectado la aceptación, ya sea mediante una declaración o una clara acción afirmativa, del tratamiento de datos personales que le conciernen manifestada por voluntad libre, de forma específica, informada e/y:

a) Detallada.
b) Unitaria.
c) Inequívoca.

7. Cuando se pretenda fundar el tratamiento de los datos en el consentimiento del afectado para una pluralidad de finalidades:

a) Será preciso que conste de manera específica e inequívoca que dicho consentimiento se otorga para todas ellas.
b) Será necesario demostrar que el afectado consintió expresamente e inequívocamente en alguna de las finalidades y, que el resto de finalidades están claramente relacionadas con aquella.
c) El responsable debe demostrar la adecuación de las distintas finalidades a un único objeto.

8. Los datos personales serán tratados de tal manera que se garantice una seguridad adecuada de los mismos, incluida la protección contra el tratamiento no autorizado o ilícito y contra su pérdida, destrucción o daño accidental, mediante la aplicación de medidas técnicas u organizativas apropiadas; todo ello en virtud del principio de:

a) Responsabilidad proactiva.
b) Integridad y confidencialidad.
c) Limitación de la finalidad.

9. Conforme al principio de limitación de la finalidad, los datos personales serán recogidos con fines determinados, explícitos y:

a) Limitados.
b) Transparentes.
c) Legítimos.

10. El tratamiento de datos personales solo podrá considerarse fundado en el cumplimiento de una misión realizada en interés público o en el ejercicio de poderes públicos conferidos al responsable cuando derive de una competencia atribuida por:

a) Una norma con rango de ley.
b) La Ley Orgánica 3/2018, de 5 de diciembre, de Protección de Datos Personales y garantía de los derechos digitales.
c) Un Reglamento.

11. Conforme al artículo 9 de la LO 3/2018, de 5 de diciembre, de Protección de Datos Personales y garantía de los derechos digitales, ¿cuál de los siguientes tratamientos de categorías especiales de datos fundados en el Derecho español deberá estar amparado en una norma con rango de ley?

a) Tratamiento necesario con fines de archivo en interés público, fines de investigación científica o histórica.
b) Tratamiento efectuado, en el ámbito de sus actividades legítimas y con las debidas garantías, por una fundación, una asociación o cualquier otro organismo sin ánimo de lucro, cuya finalidad sea política, filosófica, religiosa o sindical, siempre que el tratamiento se refiera exclusivamente a los miembros actuales o antiguos de tales organismos o a personas que mantengan contactos regulares con ellos en relación con sus fines y siempre que los datos personales no se comuniquen fuera de ellos sin el consentimiento de los interesados
c) Tratamiento necesario para fines de medicina preventiva o laboral, evaluación de la capacidad laboral del trabajador, diagnóstico médico, prestación de asistencia o tratamiento de tipo sanitario o social, o gestión de los sistemas y servicios de asistencia sanitaria y social.

12. Según el artículo 7.1 de la LO 3/2018, el tratamiento de los datos personales de un menor de edad únicamente podrá fundarse en su consentimiento cuando sea mayor de:

a) 12 años.
b) 14 años.
c) 16 años.

13. Según el Reglamento General de Protección de Datos, cuando los datos personales no se hayan obtenido del interesado, el responsable del tratamiento le facilitará, entre otras informaciones, los fines del tratamiento a que se destinan los datos personales, así como la base jurídica del tratamiento. El responsable del tratamiento facilitará la información dentro de un plazo razonable, una vez obtenidos los datos personales, y a más tardar dentro de:

a) 10 días hábiles.
b) 20 días.
c) 1 mes.

14. El derecho a la portabilidad de los datos:

a) Se podrá aplicar a los tratamientos que sean necesario para el cumplimiento de una misión realizada en interés público o en el ejercicio de poderes públicos conferidos al responsable del tratamiento.
b) A diferencia de otros derechos, podrá afectar negativamente a los derechos y libertades de otros.
c) Requiere que el tratamiento se efectúe por medios automatizados.

15. Conforme al RGPD ¿puede facilitarse la información al interesado de forma verbal?

a) No, en ningún caso.
b) Sí, siempre que lo solicite el interesado.
c) Sí, cuando lo solicite el interesado y se pueda demostrar su identidad por otros medios.

16. Conforme al RGPD, la información al interesado sobre la base de una solicitud será facilitada por el responsable del tratamiento en el plazo de un mes a partir de la recepción de la solicitud. Teniendo en cuenta la complejidad y el número de solicitudes, dicho plazo será prorrogado:

a) 15 días más.
b) Un mes más.
c) Otros dos meses.

17. Según el artículo 12.4 de la LO 3/2018, la prueba del cumplimiento del deber de responder a la solicitud de ejercicio de sus derechos formulado por el afectado recaerá:

a) Sobre el responsable del tratamiento.
b) Sobre el encargado del tratamiento.
c) Bien sobre el responsable o bien sobre el encargado.

18. Conforme al artículo 17 del RGPD, el derecho de supresión no se podrá aplicar cuando:

a) Los datos personales ya no sean necesarios en relación con los fines para los que fueron recogidos o tratados de otro modo.

b) Los datos personales se hayan obtenido en relación con la oferta de servicios de la sociedad de la información.

c) Los datos personales sean necesarios para ejercer el derecho a la libertad de expresión e información.

19. Conforme al artículo 18 del RGPD, el interesado tendrá derecho a obtener del responsable del tratamiento la limitación del tratamiento de los datos:

a) Cuando los datos personales ya no sean necesarios en relación con los fines para los que fueron recogidos o tratados de otro modo.

b) Para que el interesado pueda ejercer el derecho a la libertad de expresión e información.

c) Cuando el interesado impugne la exactitud de los datos personales, durante un plazo que permita al responsable verificar la exactitud de los mismos.

20. En relación al derecho de portabilidad, es cierto que:

a) El ejercicio de este derecho impide el ejercicio del derecho de supresión.

b) Al ejercer su derecho a la portabilidad de los datos, el interesado tendrá que transmitir los datos directamente al nuevo responsable de los mismos.

c) No podrá afectar negativamente a los derechos y libertades de otros.

21. En referencia al derecho de oposición, el artículo 21 del RGPD señala que:

a) Cuando el tratamiento de datos personales tenga por objeto la mercadotecnia directa, el interesado tendrá derecho a oponerse en todo momento al tratamiento de los datos personales que le conciernan.

b) A más tardar en el momento de la segunda comunicación con el interesado, el derecho de oposición será mencionado explícitamente al interesado y será presentado claramente y al margen de cualquier otra información.

c) Aun cuando el tratamiento de datos personales tenga por objeto la mercadotecnia directa, el interesado no podrá oponerse a la elaboración de perfiles relacionada con la citada mercadotecnia.

22. El tratamiento de datos personales relativos a condenas e infracciones penales, solo podrá llevarse a cabo cuando se encuentre amparado, de entre las siguientes, en:

a) Una norma de Derecho de la Unión Europea.

b) Un Decreto.

c) Una norma con rango reglamentario.

23. Según la Ley Orgánica 3/2018 de Protección de Datos Personales y garantía de los derechos digitales, se podrá considerar repetitivo el derecho del ejercicio de acceso en más de una ocasión durante el plazo de:

a) 6 meses.
b) 1 mes.
c) 12 meses.

24. Para que el tratamiento de datos personales relativos al incumplimiento de obligaciones dinerarias, financieras o de crédito por sistemas comunes de información crediticia, se presuma lícito, los datos únicamente se mantendrán en el sistema mientras persista el incumplimiento, con el límite máximo, desde la fecha de vencimiento de la obligación dineraria, financiera o de crédito, de:

a) Un año.
b) Tres años.
c) Cinco años.

25. Salvo cuando los datos hubieran de ser conservados para acreditar la comisión de actos que atenten contra la integridad de personas, bienes o instalaciones, los datos del tratamiento de imágenes a través de sistemas de cámaras o videocámaras serán suprimidos en el plazo máximo, desde su captación, de:

a) 15 días.
b) Un mes.
c) Tres meses.

Solución al test n.º 2

1. c) Principio de minimización de datos.

2. c) Transparente.

3. c) Deberá existir una declaración del interesado o una acción positiva que manifieste su conformidad.

4. b) El Encargado.

5. c) Los responsables y encargados del tratamiento de datos así como todas las personas que intervengan en cualquier fase de este.

6. c) Inequívoca.

7. a) Será preciso que conste de manera específica e inequívoca que dicho consentimiento se otorga para todas ellas.

8. b) Integridad y confidencialidad.

9. c) Legítimos.

10. a) Una norma con rango de ley.

11. c) Tratamiento necesario para fines de medicina preventiva o laboral, evaluación de la capacidad laboral del trabajador, diagnóstico médico, prestación de asistencia o tratamiento de tipo sanitario o social, o gestión de los sistemas y servicios de asistencia sanitaria y social.

12. b) 14 años.

13. c) 1 mes.

14. c) Requiere que el tratamiento se efectúe por medios automatizados.

15. c) Sí, cuando lo solicite el interesado y se pueda demostrar su identidad por otros medios.

16. c) Otros dos meses.

17. a) Sobre el responsable del tratamiento.

18. c) Los datos personales sean necesarios para ejercer el derecho a la libertad de expresión e información.

19. c) Cuando el interesado impugne la exactitud de los datos personales, durante un plazo que permita al responsable verificar la exactitud de los mismos.

20. c) No podrá afectar negativamente a los derechos y libertades de otros.

21. a) Cuando el tratamiento de datos personales tenga por objeto la mercadotecnia directa, el interesado tendrá derecho a oponerse en todo momento al tratamiento de los datos personales que le conciernan.

22. a) Una norma de Derecho de la Unión Europea.

23. a) 6 meses.

24. c) Cinco años.

25. b) Un mes.

PARTE ESPECÍFICA

TEST N.º 3

El personal al servicio de las Administraciones Públicas

1. ¿De qué forma se aprobó la vigente Ley del Estatuto Básico del Empleado Público?

a) Por una Ley Orgánica.
b) Mediante un Texto Refundido.
c) Mediante una Ley de Bases.

2. El Estatuto Básico del Empleado Público (EBEP) contiene:

a) Aquello que es común al conjunto de los empleados públicos de todas las Administraciones Públicas.
b) Las normas legales específicas aplicables a los empleados públicos de todas las Administraciones Públicas.
c) Aquello que es común al conjunto de los funcionarios de todas las Administraciones Públicas, más las normas legales específicas aplicables al personal laboral a su servicio.

3. Los órganos de selección serán colegiados y su composición deberá ajustarse a los principios de:

a) Imparcialidad y profesionalidad de sus miembros.
b) Representatividad y homogeneidad.
c) Publicidad y transparencia.

4. ¿Cuál es la edad mínima para poder participar en los procesos selectivos de acceso al empleo público?

a) 14 años.
b) 16 años.
c) 17 años.

5. El funcionario que haya perdido su condición por cambio de nacionalidad, si recupera la nacionalidad:

a) Volverá automáticamente al puesto de trabajo que ocupaba.
b) No podrá volver a ejercer como funcionario.
c) Podrá solicitar la rehabilitación.

6. Será aceptada expresamente por la Administración la renuncia voluntaria a la condición de funcionario en el siguiente caso:

a) Cuando el funcionario esté sujeto a expediente disciplinario.
b) Cuando contra el funcionario haya sido dictado auto de procesamiento por la comisión de algún delito.
c) Cuando el funcionario se encuentre en la situación de excedencia forzosa.

7. La suspensión firme por sanción disciplinaria no podrá exceder de:

a) 2 años.
b) 3 años.
c) 6 años.

8. Quienes se encuentren en situación de servicios especiales:

a) Percibirán las retribuciones que les correspondan como funcionarios de carrera.
b) Tendrán derecho a reingresar al servicio activo en el mismo puesto que ocupaban en el momento del nombramiento que originó el pase a la situación de servicios especiales.
c) El tiempo que permanezcan en tal situación se les computará a efectos de ascensos, reconocimiento de trienios, promoción interna y derechos en el régimen de Seguridad Social que les sea de aplicación.

9. Según el EBEP, los funcionarios de carrera podrán obtener la excedencia voluntaria por interés particular cuando hayan prestado servicios efectivos en cualquiera de las Administraciones Públicas durante un periodo mínimo de:

a) Tres años, en los últimos cinco años.
b) Tres años inmediatamente anteriores.
c) Cinco años inmediatamente anteriores.

10. A tenor del artículo 14 del EBEP, los empleados públicos tienen derecho:

a) A la inamovilidad en la condición de funcionario de carrera.
b) A la formación continua y a la actualización permanente de sus conocimientos y capacidades profesionales, preferentemente fuera del horario laboral.
c) A la libertad de expresión, sin restricción alguna.

11. Para tener derecho a la promoción interna, los funcionarios deberán tener una antigüedad de servicio activo en el inferior subgrupo o grupo de clasificación profesional, de al menos:

a) Dos años.
b) Tres años.
c) Cuatro años.

12. Según el EBEP, la continuidad en un puesto de trabajo obtenido por concurso quedará vinculada a:

a) La evaluación del desempeño.
b) La idoneidad.
c) La antigüedad.

13. La cuantía y estructura de las retribuciones complementarias de los funcionarios se establecerán por:

a) Ley estatal.
b) Las correspondientes leyes de cada Administración Pública.
c) Real Decreto del Consejo de Ministros.

14. ¿Podrá percibirse participación en tributos o en cualquier otro ingreso de las Administraciones Públicas como contraprestación de cualquier servicio, participación o premio en multas impuestas?

a) No, en ningún caso.
b) Sí, en cualquier caso.
c) No, excepto cuando estuviesen normativamente atribuidas a los servicios.

15. Completa la siguiente frase: "Los empleados públicos tienen derecho a la negociación colectiva, representación y .... para la determinación de sus condiciones de trabajo":

a) Evaluación del desempeño.
b) Huelga.
c) Participación institucional.

16. A tenor del artículo 39 del EBEP los órganos específicos de representación de los funcionarios son:

a) Los Comités de Empresa y los Delegados de Prevención.
b) Los Delegados de Personal y las Juntas de Personal.
c) Las Mesas Generales de Negociación y las Mesas Sectoriales.

17. La facultad de elegir representantes y constituir órganos unitarios a través de los cuales se instrumente la interlocución entre las Administraciones Públicas y sus empleados, es lo que el EBEP denomina:

a) Representación.
b) Participación.
c) Legitimación.

18. Los funcionarios públicos tendrán un permiso por matrimonio de:

a) 10 días.
b) 15 días.
c) 20 días.

19. En el permiso de 16 semanas del progenitor diferente de la madre biológica por nacimiento, guarda con fines de adopción, acogimiento o adopción de un hijo o hija, serán en todo caso de descanso obligatorio:

a) Las seis semanas inmediatas posteriores al hecho causante.
b) Las tres semanas inmediatas posteriores al hecho causante.
c) Los quince días inmediatos posteriores al hecho causante.

20. Según los principios de conducta establecidos en el EBEP, los empleados públicos deberán mantener actualizados:

a) Los estándares de calidad.
b) Los medios de comunicación con los ciudadanos.
c) Su formación y cualificación.

21. Los empleados públicos no podrán contraer obligaciones económicas ni intervenir en operaciones financieras, obligaciones patrimoniales o negocios jurídicos con personas o entidades cuando, respecto a las obligaciones de su puesto público, puedan suponer:

a) Un conflicto de intereses.
b) Una segunda ocupación.
c) Una distracción de sus intereses.

22. ¿Cuál de los siguientes es un principio de conducta de los empleados públicos?

a) Cumplir con diligencia las tareas que les correspondan o se les encomienden y, en su caso, resolver dentro de plazo los procedimientos o expedientes de su competencia.
b) No aceptar ningún trato de favor o situación que implique privilegio o ventaja injustificada, por parte de personas físicas o entidades privadas.
c) Realizar el desempeño de las tareas correspondientes a su puesto de trabajo de forma diligente y cumpliendo la jornada y el horario establecidos.

23. La suspensión provisional como medida cautelar en la tramitación de un expediente disciplinario no podrá exceder, salvo en caso de paralización del procedimiento imputable al interesado, de:

a) 6 meses.
b) 12 meses.
c) 18 meses.

24. Según el artículo 55.2 del EBEP, en la actuación de los órganos de selección se garantizará el cumplimiento del principio de independencia y:

a) Discreción técnica.
b) Imparcialidad.
c) Transparencia.

25. Cuando finalizada la causa que determinó el pase a una situación distinta a la de servicio activo se incumpla la obligación de solicitar el reingreso al servicio activo en el plazo en que se determine reglamentariamente:

a) El interesado perderá la condición de funcionario.
b) Procederá declarar de oficio la excedencia voluntaria por interés particular.
c) Procederá declarar de oficio la suspensión de funciones.

Solución al test n.º 3

1. b) Mediante un Texto Refundido.

2. c) Aquello que es común al conjunto de los funcionarios de todas las Administraciones Públicas, más las normas legales específicas aplicables al personal laboral a su servicio.

3. a) Imparcialidad y profesionalidad de sus miembros.

4. b) 16 años.

5. c) Podrá solicitar la rehabilitación.

6. c) Cuando el funcionario se encuentre en la situación de excedencia forzosa.

7. c) 6 años.

8. c) El tiempo que permanezcan en tal situación se les computará a efectos de ascensos, reconocimiento de trienios, promoción interna y derechos en el régimen de Seguridad Social que les sea de aplicación.

9. c) Cinco años inmediatamente anteriores.

10. a) A la inamovilidad en la condición de funcionario de carrera.

11. a) Dos años.

12. a) La evaluación del desempeño.

13. b) Las correspondientes leyes de cada Administración Pública.

14. a) No, en ningún caso.

15. c) Participación institucional.

16. b) Los Delegados de Personal y las Juntas de Personal.

17. a) Representación.

18. b) 15 días.

19. a) Las seis semanas inmediatas posteriores al hecho causante.

20. c) Su formación y cualificación.

21. a) Un conflicto de intereses.

22. c) Realizar el desempeño de las tareas correspondientes a su puesto de trabajo de forma diligente y cumpliendo la jornada y el horario establecidos.

23. a) 6 meses.

24. a) Discreción técnica.

25. b) Procederá declarar de oficio la excedencia voluntaria por interés particular.

Ley 39/2015, de 1 de octubre, del Procedimiento Administrativo Común de las Administraciones Públicas

1. De acuerdo con el artículo 13 de la Ley 39/2015, de 1 de octubre, de Procedimiento Administrativo Común de las Administraciones Públicas, las personas que tienen capacidad de obrar conforme al artículo 3 de la Ley 39/2015, de 1 de octubre, de Procedimiento Administrativo Común de las Administraciones Públicas, en sus relaciones con las Administraciones Públicas, tienen los siguientes derechos:

a) A obtener información y confección de los documentos jurídicos o técnicos que las disposiciones vigentes impongan a los proyectos, actuaciones o solicitudes que se propongan realizar.

b) Al acceso a los registros y archivos de las Administraciones Públicas en los términos previstos en la Constitución y en la Ley 30/1992, de 26 de noviembre.

c) Al acceso a la información pública, archivos y registros de acuerdo con lo previsto en la Ley 19/2013, de 9 de diciembre, de transparencia, acceso a la información pública y buen gobierno y el resto del Ordenamiento Jurídico.

2. En relación con la lengua de los procedimientos, señala la afirmación falsa; de acuerdo con el artículo 15 de la Ley 39/2015, de 1 de octubre, de Procedimiento Administrativo Común de las Administraciones Públicas:

a) La lengua de los procedimientos tramitados por la Administración General del Estado será el español.

b) Los interesados que se dirijan a los órganos de la Administración General del Estado con sede en el territorio de una Comunidad Autónoma podrán utilizar también la lengua que sea cooficial en ella.

c) En los procedimientos tramitados por las Administraciones de las Comunidades Autónomas y de las Entidades Locales, el uso de la lengua se ajustará a lo previsto en la legislación autonómica correspondiente.

3. Conforme al artículo 19.1 de la Ley 39/2015, de 1 de octubre, de Procedimiento Administrativo Común de las Administraciones Públicas, la comparecencia de los ciudadanos ante las oficinas públicas solo será obligatoria cuando así esté previsto en una norma con rango de:

a) Ley.
b) Decreto.
c) Orden.

4. Si un interesado de una Comunidad Autónoma con lengua oficial específica se dirige a un órgano de la Administración General del Estado sito en su Comunidad, y concurren varios interesados y existiera discrepancia en cuanto a la lengua, el procedimiento se ha de tramitar en:

a) Castellano necesariamente.
b) Su lengua oficial exclusivamente.
c) Cualquiera de las dos anteriores, a su opción.

5. Según la Ley 39/2015, de 1 de octubre, en todo caso, estarán obligados a relacionarse a través de medios electrónicos con las Administraciones Públicas para la realización de cualquier trámite de un procedimiento administrativo:

a) Aquellos colectivos de personas físicas que por razón de su capacidad económica, técnica, dedicación profesional u otros motivos quede acreditado que tienen acceso y disponibilidad de los medios electrónicos necesarios.
b) Quienes representen a un interesado.
c) Las entidades sin personalidad jurídica.

6. Conforme a lo dispuesto en la ley 39/2015, de 1 de octubre, del Procedimiento Administrativo Común de las Administraciones Públicas, la comparecencia de las personas ante las oficinas públicas, ya sea presencialmente o por medios electrónicos:

a) Solo será obligatoria cuando así esté previsto en una norma con rango de ley.
b) Solo será obligatoria cuando lo disponga una disposición de carácter reglamentario.
c) Será potestativa, y a instancia de la unidad administrativa.

7. En relación con la lengua de los procedimientos, señala la respuesta correcta:

a) La lengua de los procedimientos tramitados por la Administración General del Estado será el español.
b) Si concurrieran varios interesados en el procedimiento, el procedimiento se tramitará en castellano.
c) Los interesados que se dirijan a los órganos de la Administración General del Estado con sede en el territorio de una Comunidad Autónoma podrán utilizar también la lengua que sea cooficial en ella.

8. Cada Administración, en los términos establecidos en la normativa reguladora aplicable, deberá mantener un archivo electrónico único de los documentos electrónicos que correspondan a:

a) Procedimientos iniciados.
b) Procedimientos en trámite.
c) Procedimientos finalizados.

9. Conforme a lo dispuesto en la ley 39/2015, de 1 de octubre, del Procedimiento Administrativo Común de las Administraciones Públicas, los interesados en un procedimiento que conozcan datos que permitan identificar a otros interesados que no hayan comparecido en él tienen:

a) El derecho de denunciarlos.
b) El deber de denunciarlos.
c) El deber de proporcionárselos a la Administración actuante.

10. Las Administraciones podrán establecer reglamentariamente la obligación de relacionarse con ellas a través de medios electrónicos para determinados procedimientos, conforme al artículo 14 de la Ley 39/2015, de 1 de octubre, de Procedimiento Administrativo Común de las Administraciones Públicas:

a) Las personas jurídicas.
b) Las entidades sin personalidad jurídica.
c) Para ciertos colectivos de personas físicas que por razón de su capacidad económica, técnica, dedicación profesional u otros motivos quede acreditado que tienen acceso y disponibilidad de los medios electrónicos necesarios.

11. Según dispone el art. 15.2 de la Ley 39/2015, de 1 de octubre, en los procedimientos tramitados por las Administraciones de las Comunidades Autónomas y de las Entidades Locales, el uso de la lengua se ajustará a lo previsto:

a) En la normativa estatal.
b) En la legislación autonómica correspondiente.
c) En la legislación municipal correspondiente.

12. ¿Quiénes de los siguientes sujetos estarán obligados, en todo caso, a relacionarse a través de medios electrónicos con las Administraciones públicas para la realización de cualquier trámite de un procedimiento administrativo?

a) Las entidades sin personalidad jurídica.
b) Quienes representen a un interesado que esté obligado a relacionarse electrónicamente con la Administración.
c) Las personas jurídicas.

13. ¿Cómo denomina la Ley 39/2015, de 1 de octubre, del Procedimiento Administrativo Común de las Administraciones Públicas, al Registro con el que ha de contar cada Administración donde se hará el correspondiente asiento de todo documento que sea presentado o que se reciba en cualquier órgano administrativo, Organismo público o Entidad vinculado o dependiente a estos?

a) Registro General.
b) Registro Único Electrónico.
c) Registro Electrónico General.

14. ¿Qué artículo de la Ley 39/2015, de 1 de octubre, del Procedimiento Administrativo Común de las Administraciones Públicas regula los derechos de las personas en sus relaciones con las Administraciones públicas?

a) El artículo 12.
b) El artículo 13.
c) El artículo 14.

15. ¿Quiénes de los siguientes están obligados a relacionarse a través de medios electrónicos con las Administraciones públicas para la realización de cualquier trámite de un procedimiento administrativo?

a) Las entidades sin personalidad jurídica.
b) Los empleados de las Administraciones públicas para los trámites y actuaciones que realicen con ellas por razón de su condición de empleado público.
c) Las personas jurídicas.

16. Señala cuál de los siguientes no es uno de los derechos de las personas en sus relaciones con las Administraciones públicas contemplados en el art. 13 de la Ley 39/2015, de 1 de octubre:

a) A ser tratados con respeto y preferencia por las autoridades y empleados públicos, que habrán de facilitarles el ejercicio de sus derechos y el cumplimiento de sus obligaciones.
b) A ser asistidos en el uso de medios electrónicos en sus relaciones con las Administraciones públicas.
c) A comunicarse con las Administraciones públicas a través de un Punto de Acceso General electrónico de la Administración.

17. Señala la respuesta incorrecta respecto al derecho y obligación de relacionarse electrónicamente con las Administraciones públicas:

a) En todo caso, estarán obligados a relacionarse a través de medios electrónicos con las Administraciones públicas para la realización de cualquier trámite de un procedimiento administrativo las personas jurídicas.

b) Una vez elegido el medio por la persona para comunicarse con las Administraciones públicas no podrá ser modificado.

c) Reglamentariamente, las Administraciones podrán establecer la obligación de relacionarse con ellas a través de medios electrónicos para determinados procedimientos y para ciertos colectivos de personas físicas que por razón de su capacidad económica, técnica, dedicación profesional u otros motivos quede acreditado que tienen acceso y disponibilidad de los medios electrónicos necesarios.

18. ¿Qué artículo de la LPACAP reconoce, a quienes tengan capacidad de obrar ante las Administraciones públicas, el derecho a comunicarse con las Administraciones públicas a través de un Punto de Acceso General electrónico de la Administración?

a) El art. 19.
b) El art. 17.
c) El art. 13.

19. Señala en dónde no podrán los interesados presentar los documentos que dirijan a los órganos de las Administraciones Públicas:

a) En las representaciones diplomáticas u oficinas consulares de España en el extranjero.
b) En las oficinas de Correos y empresas de paquetería, en la forma que reglamentariamente se establezca.
c) En las oficinas de asistencia en materia de registros.

20. Los medios o soportes en que se almacenen documentos deberán contar con medidas de seguridad, de acuerdo con lo previsto en el Esquema Nacional de Seguridad, que garanticen:

a) La integridad, autenticidad, confidencialidad, calidad, igualdad, protección y conservación de los documentos almacenados.
b) La integridad, autenticidad, confidencialidad, calidad, protección y conservación de los documentos almacenados.
c) La integridad, autenticidad, confidencialidad, publicidad, calidad, protección y conservación de los documentos almacenados.

21. ¿Cuándo dispone la Ley 39/2015, de 1 de octubre, del Procedimiento Administrativo Común de las Administraciones Públicas, que será obligatoria la comparecencia de las personas ante las oficinas públicas, ya sea presencialmente o por medios electrónicos?

a) Siempre.
b) Nunca.
c) Cuando así esté previsto en una norma con rango de ley.

22. ¿Cuál de los siguientes no es un derecho de los ciudadanos en sus relaciones con las Administraciones públicas?

a) El acceso a la información pública, archivos y registros.

b) A obtener y utilizar los medios de identificación y firma electrónica que figuran en la Ley 39/2015.

c) A no presentar documentos no exigidos por las normas aplicables al procedimiento de que se trate, o que ya se encuentren en poder de cualquier Administración.

23. Los medios o soportes en que se almacenen documentos, deberán contar con medidas de seguridad que garanticen la integridad, autenticidad, confidencialidad, calidad, protección y conservación de los documentos almacenados, de acuerdo con lo previsto en:

a) El Esquema Nacional de Seguridad.

b) La Lista de confianza de prestadores de servicios de certificación.

c) La Agencia Española de Seguridad Informática.

24. Los medios o soportes en que se almacenen documentos asegurarán:

a) La identificación de los usuarios.

b) El control de accesos.

c) Ambas respuestas son correctas.

25. Las Administraciones públicas entregarán al interesado certificación acreditativa de la comparecencia:

a) En todo caso.

b) Nunca.

c) Cuando el interesado así lo solicite.

Solución al test n.º 4

1. c) Al acceso a la información pública, archivos y registros de acuerdo con lo previsto en la Ley 19/2013, de 9 de diciembre, de transparencia, acceso a la información pública y buen gobierno y el resto del Ordenamiento Jurídico.

2. a) La lengua de los procedimientos tramitados por la Administración General del Estado será el español.

3. a) Ley.

4. a) Castellano necesariamente.

5. c) Las entidades sin personalidad jurídica.

6. a) Solo será obligatoria cuando así esté previsto en una norma con rango de ley.

7. c) Los interesados que se dirijan a los órganos de la Administración General del Estado con sede en el territorio de una Comunidad Autónoma podrán utilizar también la lengua que sea cooficial en ella.

8. c) Procedimientos finalizados.

9. c) El deber de proporcionárselos a la Administración actuante.

10. c) Para ciertos colectivos de personas físicas que por razón de su capacidad económica, técnica, dedicación profesional u otros motivos quede acreditado que tienen acceso y disponibilidad de los medios electrónicos necesarios.

11. b) En la legislación autonómica correspondiente.

12. c) Todos los anteriores.

13. c) Registro Electrónico General.

14. b) El artículo 13.

15. c) Todas las respuestas son correctas.

16. a) A ser tratados con respeto y preferencia por las autoridades y empleados públicos, que habrán de facilitarles el ejercicio de sus derechos y el cumplimiento de sus obligaciones.

17. b) Una vez elegido el medio por la persona para comunicarse con las Administraciones públicas no podrá ser modificado.

18. c) El art. 13.

19. b) En las oficinas de Correos y empresas de paquetería, en la forma que reglamentariamente se establezca.

20. b) La integridad, autenticidad, confidencialidad, calidad, protección y conservación de los documentos almacenados.

21. c) Cuando así esté previsto en una norma con rango de ley.

22. c) A no presentar documentos no exigidos por las normas aplicables al procedimiento de que se trate, o que ya se encuentren en poder de cualquier Administración.

23. a) El Esquema Nacional de Seguridad.

24. c) Ambas respuestas son correctas.

25. c) Cuando el interesado así lo solicite.

TEST N.º 5

Recursos Administrativos. Y nulidad de los actos administrativos

1. El recurso de alzada contra actos que no agotan la vía administrativa es:

a) Extraordinario.
b) La regla general.
c) Especial.

2. El plazo máximo para dictar y notificar la resolución de un recurso de reposición será de:

a) 1 mes.
b) 2 meses.
c) 3 meses.

3. El recurso de reposición contra actos que no agotan la vía administrativa es:

a) Ordinario.
b) Extraordinario.
c) Inexistente.

4. Para plantear un recurso administrativo:

a) Hay que tener capacidad jurídica, sin requerirse la capacidad de obrar.
b) Basta con la capacidad de obrar.
c) Puede hacerlo quien ostente la condición de interesado.

5. Para que pueda entablarse un recurso extraordinario de revisión por error de hecho, este:

a) Ha de ser declarado por sentencia judicial firme.
b) Ha de haberse adoptado por cohecho.
c) Ha de derivar de documentos habidos en el expediente.

6. No es motivo bastante para interponer un recurso de revisión que:

a) Se haya incurrido en manifiesto error de hecho al dictar el acto.
b) Hubiere mediado cohecho en la resolución.
c) Se haya dictado por órgano manifiestamente incompetente.

7. Se puede sustituir en determinados supuestos por procedimientos de mediación y arbitraje el:

a) Recurso de alzada.
b) Recurso de revisión.
c) Las respuestas a) y c) son ciertas.

8. El recurso de revisión es:

a) Unitario.
b) Ordinario.
c) Extraordinario.

9. El recurso de alzada se presentará:

a) Ante el superior jerárquico del órgano que dictó el acto.
b) Ante el Tribunal contencioso competente.
c) Indistintamente, ante el órgano que dictó el acto o el superior jerárquico que deba decidirlo.

10. El silencio administrativo en el recurso de alzada puede ser positivo en el siguiente caso:

a) Cuando el recurso se presentó contra un acto presunto desestimatorio de la solicitud del ciudadano.
b) Cuando perjudique al ciudadano.
c) Siempre que beneficie al interés público.

11. Cuando una persona interpone un recurso de alzada denominándolo como recurso de revisión:

a) Deberá desestimarse el recurso por improcedente.
b) Deberá notificársele el error para que lo subsane.
c) Deberá resolverse, si del propio recurso se deduce su carácter.

12. El recurso extraordinario de revisión por manifiesto error de hecho debe plantearse:

a) A los tres meses desde que se produjo.
b) A los cuatro años desde que se conoció.
c) Dentro de los cuatro años desde la notificación del acto.

13. La resolución de un recurso:

a) Debe circunscribirse a lo solicitado por el recurrente.
b) Resolverá cuantas cuestiones se deduzcan del expediente.
c) No es necesario que se motive.

14. La terminación presunta del recurso extraordinario de revisión se dará:

a) A los tres meses de su interposición.
b) Al mes de su interposición.
c) No cabe.

15. El recurso extraordinario de revisión se interpone contra:

a) Cualquier acto administrativo.
b) Actos que no agotan la vía administrativa.
c) Los actos firmes exclusivamente.

16. La resolución presunta del recurso de alzada se dará, si no recae resolución, al/a los:

a) Quince días de interponerlo.
b) Mes de su interposición.
c) En cualquier momento a partir del día siguiente a aquel en que, de acuerdo con su normativa específica, se produzcan los efectos del silencio administrativo.

17. Si el recurso de alzada se hubiera interpuesto ante el órgano que dictó el acto impugnado, este deberá remitirlo al competente, con su informe y con una copia completa y ordenada del expediente, en el plazo de:

a) Un mes.
b) Veinte días.
c) Diez días.

18. Cuál es el plazo máximo para dictar y notificar la resolución del recurso potestativo de reposición:

a) Tres meses.
b) Un mes.
c) Veinte días.

19. A tenor del art. 115 LPACAP, la interposición del recurso administrativo deberá expresar:

a) El acto que se recurre y la razón de su impugnación.
b) El nombre y apellidos del recurrente, así como la identificación personal del mismo.
c) Todas las respuestas son correctas.

20. Señala la respuesta incorrecta respecto al recurso administrativo:

a) La interposición de cualquier recurso suspenderá la ejecución del acto impugnado.
b) La ejecución del acto impugnado se entenderá suspendida si transcurrido un mes desde que la solicitud de suspensión haya tenido entrada en el registro electrónico de la Administración u Organismo competente para decidir sobre la misma, el órgano a quien competa resolver el recurso no ha dictado y notificado resolución expresa al respecto.
c) Cuando el recurso tenga por objeto la impugnación de un acto administrativo que afecte a una pluralidad indeterminada de personas, la suspensión de su eficacia habrá de ser publicada en el periódico oficial en que aquel se insertó.

21. Cuál es el plazo máximo para dictar y notificar la resolución del recurso de alzada:

a) Seis meses.
b) Tres meses.
c) Un mes.

22. Transcurrido qué plazo desde la interposición del recurso extraordinario de revisión sin haberse dictado y notificado la resolución, se entenderá desestimado, quedando expedita la vía jurisdiccional contencioso-administrativa:

a) Tres meses.
b) Dos meses.
c) Un mes.

23. Qué recurso cabe en vía administrativa contra las disposiciones administrativas de carácter general:

a) De alzada.
b) Potestativo de reposición.
c) Ninguno.

24. A tenor del art. 114.1 LPACAP ponen fin a la vía administrativa:

a) Los acuerdos, pactos, convenios o contratos que tengan la consideración de finalizadores del procedimiento.
b) Las resoluciones de los recursos de alzada.
c) Todas las respuestas son correctas.

25. De acuerdo con el artículo 47 de la Ley 39/2015, de 1 de octubre, de Procedimiento Administrativo Común de las Administraciones Públicas, los actos de las Administraciones Públicas son nulos de pleno derecho en los casos siguientes:

a) Los actos de la Administración que incurran en cualquier infracción del ordenamiento jurídico.

b) Los actos dictados por órgano manifiestamente incompetente por razón de la jerarquía.

c) Los actos que tengan un contenido imposible.

26. De conformidad con lo previsto en el artículo 47.1 de la Ley 39/2015, de 1 de octubre, del Procedimiento Administrativo Común de las Administraciones Públicas, son causas de nulidad de pleno derecho de los actos de las Administraciones Públicas:

a) Los dictados por órgano incompetente por razón del territorio.

b) Los dictados prescindiendo del procedimiento legalmente establecido o de las normas que contienen las reglas para la formación de la voluntad de los órganos colegiados.

c) Los que sean constitutivos de infracción administrativa o se dicten como consecuencia de esta.

27. En relación con el artículo 47 de la Ley 39/2015, señala qué actos de las Administraciones Públicas son nulos de pleno derecho en todo caso:

a) Los que incurran en cualquier infracción del ordenamiento jurídico, incluso la desviación de poder.

b) Los que sean dictados fallando alguna autorización.

c) Los actos expresos o presuntos contrarios al ordenamiento jurídico por los que se adquieren facultades o derechos cuando se carezca de los requisitos esenciales para su adquisición.

28. Conforme al artículo 47 de la Ley 39/2015, del Procedimiento Administrativo Común de las Administraciones Públicas, los actos de la Administración son nulos de pleno derecho si:

a) Se dictan fuera del plazo.

b) Se dictan sin seguir, en forma estricta, el procedimiento establecido.

c) Son dictados prescindiendo total y absolutamente del procedimiento legalmente previsto.

29. Los actos dictados prescindiendo total y absolutamente de las normas que contienen las reglas esenciales de la formación de la voluntad de los órganos colegiados, según el artículo 47 de la Ley 39/2015, del Procedimiento Administrativo Común de las Administraciones Públicas, son:

a) Anulables.

b) Nulos de pleno derecho.

c) Irregulares.

30. No son nulos de pleno derecho los actos administrativos que, según el artículo 47 de la Ley 39/2015, del Procedimiento Administrativo Común de las Administraciones Públicas:

a) Limiten derechos subjetivos.

b) Lesionen derechos y libertades susceptibles de amparo constitucional.

c) Dictados por órgano manifiestamente incompetente por razón de la materia.

Solución al test n.º 5

1. b) La regla general.

2. a) 1 mes.

3. c) Inexistente.

4. c) Puede hacerlo quien ostente la condición de interesado.

5. c) Ha de derivar de documentos habidos en el expediente.

6. c) Se haya dictado por órgano manifiestamente incompetente.

7. c) Las respuestas a) y c) son ciertas.

8. c) Extraordinario.

9. c) Indistintamente, ante el órgano que dictó el acto o el superior jerárquico que deba decidirlo.

10. a) Cuando el recurso se presentó contra un acto presunto desestimatorio de la solicitud del ciudadano.

11. c) Deberá resolverse, si del propio recurso se deduce su carácter.

12. c) Dentro de los cuatro años desde la notificación del acto.

13. b) Resolverá cuantas cuestiones se deduzcan del expediente.

14. a) A los tres meses de su interposición.

15. c) Los actos firmes exclusivamente.

16. c) En cualquier momento a partir del día siguiente a aquel en que, de acuerdo con su normativa específica, se produzcan los efectos del silencio administrativo.

17. c) Diez días.

18. b) Un mes.

19. c) Todas las respuestas son correctas.

20. a) La interposición de cualquier recurso suspenderá la ejecución del acto impugnado.

21. b) Tres meses.

22. a) Tres meses.

23. c) Ninguno.

24. c) Todas las respuestas son correctas.

25. c) Los actos que tengan un contenido imposible.

26. a) Los dictados por órgano incompetente por razón del territorio.

27. c) Los actos expresos o presuntos contrarios al ordenamiento jurídico por los que se adquieren facultades o derechos cuando se carezca de los requisitos esenciales para su adquisición.

28. c) Son dictados prescindiendo total y absolutamente del procedimiento legalmente previsto.

29. b) Nulos de pleno derecho.

30. a) Limiten derechos subjetivos.

TEST N.º 6

La práctica de la notificación

1. En relación con las notificaciones en papel, de acuerdo con lo dispuesto en el artículo 42 de la Ley 39/2015, de 1 de octubre, de Procedimiento Administrativo Común de las Administraciones Públicas de los actos administrativos, señala la respuesta incorrecta:

a) Se notificarán a los interesados las resoluciones y actos administrativos que afecten a sus derechos e intereses.

b) Toda notificación deberá ser cursada dentro del plazo de diez días a partir de la fecha en que el acto haya sido dictado.

c) En los procedimientos iniciados a solicitud del interesado, la notificación se practicará en el domicilio del interesado. Cuando ello no fuera posible, en cualquier lugar adecuado a tal fin.

2. Por regla general una notificación electrónica se entenderá rechazada con los efectos previstos en el artículo 43.2 de la Ley 39/2015, de 1 de octubre, del Procedimiento Administrativo Común de las Administraciones Públicas, cuando teniendo constancia de la puesta a disposición transcurran:

a) Diez días hábiles sin que se acceda a su contenido.

b) Diez días naturales desde que se accedió al contenido sin existir respuesta.

c) Diez días naturales sin que se acceda al contenido.

3. En relación con la práctica de las notificaciones en papel, el artículo 42.2 de la Ley 39/2015, de 1 de octubre, del Procedimiento Administrativo Común de las Administraciones Públicas, establece que si nadie se hiciera cargo de la notificación, se hará constar esta circunstancia en el expediente, junto con el día y la hora en que se intentó la notificación, intento que se repetirá por una sola vez y en una hora distinta dentro de los:

a) Tres días siguientes. En caso de que el primer intento de notificación se haya realizado antes de las catorce horas, el segundo intento deberá realizarse después de las catorce horas y viceversa, dejando en todo caso al menos un margen de diferencia de tres horas entre ambos intentos de notificación.

b) Dos días siguientes. En caso de que el primer intento de notificación se haya realizado antes de las catorce horas, el segundo intento deberá realizarse después de las catorce horas y viceversa, dejando en todo caso al menos un margen de diferencia de dos horas entre ambos intentos de notificación.

c) Tres días siguientes. En caso de que el primer intento de notificación se haya realizado antes de las quince horas, el segundo intento deberá realizarse después de las quince horas y viceversa, dejando en todo caso al menos un margen de diferencia de tres horas entre ambos intentos de notificación.

4. Cuando se ignore el lugar de notificación de los interesados en un procedimiento:

a) Previamente a la publicación de un anuncio en el Boletín Oficial de Estado y con carácter preceptivo las Administraciones deberán publicar un anuncio en el Boletín Oficial de la Comunidad Autónoma del último domicilio del interesado.

b) Previamente a la publicación de un anuncio en el Boletín Oficial de Estado y con carácter preceptivo las Administraciones deberán publicar un anuncio en el Boletín Oficial de la provincia del último domicilio del interesado.

c) La notificación se hará por medio de un anuncio publicado en el Boletín Oficial del Estado.

5. Según la Ley 39/2015, de 1 octubre, de Procedimiento Administrativo Común de las Administraciones Públicas, ¿cuándo se entiende practicada la notificación por medios electrónicos?

a) A los tres días del envío del aviso de la puesta a disposición del acto objeto de notificación.

b) En el momento en que se accede a la puesta a disposición del interesado del acto objeto de notificación.

c) En el momento en que se produzca el acceso al contenido del acto notificado.

6. En la práctica de las notificaciones por medios electrónicos, según lo establecido en el artículo 43 de la Ley 39/2015, de 1 de octubre, del Procedimiento Administrativo Común de las Administraciones Públicas, señala cuál de las siguientes afirmaciones es incorrecta:

a) Se llevarán a cabo mediante comparecencia en la sede electrónica de la Administración u Organismo actuante, a través de la dirección electrónica habilitada únicamente o mediante ambos sistemas, según disponga cada Administración u Organismo.

b) Se entenderán practicadas en el momento en que se produzca el acceso a su contenido.

c) Cuando la notificación por medios electrónicos sea de carácter obligatorio, se entenderá rechazada cuando hayan transcurrido 10 días hábiles desde la puesta a disposición de la notificación sin que se acceda a su contenido.

7. Las notificaciones se practicarán:

a) Preferentemente por medios electrónicos y, en todo caso, cuando el interesado resulte obligado a recibirlas por esta vía.
b) Preferentemente por escrito en documento papel y, en todo caso, cuando el interesado resulte obligado a recibirlas por esta vía.
c) Solo por medios electrónicos.

8. Las notificaciones:

a) Nunca se realizarán por medios electrónicos.
b) Se deben realizar por medios electrónicos cuando el interesado esté obligado a recibirlas por esta vía.
c) Solo se van a realizar por medios electrónicos si el interesado está de acuerdo.

9. Las Administraciones podrán practicar las notificaciones por medios no electrónicos:

a) Nunca.
b) Siempre.
c) Cuando la notificación se realice con ocasión de la comparecencia espontánea del interesado o su representante en las oficinas de asistencia en materia de registro y solicite la comunicación o notificación personal en ese momento.

10. Las Administraciones podrán practicar las notificaciones por medios no electrónicos:

a) Nunca.
b) Siempre.
c) Cuando para asegurar la eficacia de la actuación administrativa resulte necesario practicar la notificación por entrega directa de un empleado público de la Administración notificante.

11. Las Administraciones podrán establecer la obligación de practicar electrónicamente las notificaciones para determinados procedimientos:

a) Por ley.
b) Por reglamento.
c) Por orden.

12. Las Administraciones podrán establecer la obligación de practicar electrónicamente las notificaciones para ciertos colectivos de personas físicas que por razón de su capacidad económica, técnica, dedicación profesional u otros motivos quede acreditado que tienen acceso y disponibilidad de los medios electrónicos necesarios:

a) Por ley.
b) Por reglamento.
c) Por orden.

13. El interesado podrá identificar un dispositivo electrónico y/o una dirección de correo electrónico que servirán para el envío de los avisos regulados en el artículo 41 de la Ley 39/2015:

a) Y para las notificaciones.
b) Pero no para la práctica de notificaciones.
c) Para la práctica de notificaciones si el interesado así lo establece.

14. Según la normativa, aquellas en las que el acto a notificar vaya acompañado de elementos que no sean susceptibles de conversión en formato electrónico:

a) Se podrá notificar por medios electrónicos en la medida de lo que se pueda.
b) No se podrán notificar por medios electrónicos.
c) Se notificará en parte a través de medios electrónicos y en formato papel.

15. Según la normativa, aquellas notificaciones que contengan medios de pago a favor de los obligados, tales como cheques:

a) Se podrá notificar por medios electrónicos en la medida de lo que se pueda.
b) No se podrán notificar por medios electrónicos.
c) Se notificará en parte a través de medios electrónicos y en formato papel.

16. Establece la normativa que en ningún caso se efectuará por medio electrónico la siguiente notificación:

a) Aquellas en las que el acto a notificar vaya acompañado de elementos que no sean susceptibles de conversión en formato electrónico.
b) Las que contengan medios de pago a favor de los obligados, tales como cheques.
c) Son correctas las respuestas a) y b).

17. Todas las notificaciones que se practiquen en papel:

a) Se deben registrar.
b) Deberán ser puestas a disposición del interesado en la sede electrónica de la Administración u Organismo actuante para que pueda acceder al contenido de las mismas de forma voluntaria.
c) Deben ser comunicadas con quince días de antelación.

18. Cuando la notificación se practique en el domicilio del interesado, de no hallarse presente este en el momento de entregarse la notificación:

a) Nunca se podrá realizar la misma.
b) Podrá hacerse cargo de la misma cualquier persona mayor de catorce años que se encuentre en el domicilio y haga constar su identidad.
c) Podrá hacerse cargo de la misma cualquier persona mayor de dieciséis años que se encuentre en el domicilio y haga constar su identidad.

19. Si nadie se hiciera cargo de la notificación:

a) Se hará constar esta circunstancia en el expediente, junto con el día y la hora en que se intentó la notificación, intento que se repetirá por una sola vez y en una hora distinta dentro de los tres días siguientes.
b) En caso de que el primer intento de notificación se haya realizado antes de las quince horas, el segundo intento deberá realizarse después de las quince horas y viceversa, dejando en todo caso al menos un margen de diferencia de tres horas entre ambos intentos de notificación.
c) Todas las respuestas anteriores son correctas.

20. Si nadie se hiciera cargo de la notificación, se hará constar esta circunstancia en el expediente, junto con el día y la hora en que se intentó la notificación:

a) Intento que se repetirá por una sola vez y en una hora distinta dentro de los tres días siguientes.
b) Intento que se repetirá por una sola vez y en una hora distinta dentro de los cinco días siguientes.
c) Intento que se repetirá por una sola vez y en una hora distinta dentro de los siete días siguientes.

21. Si nadie se hiciera cargo de la notificación, se hará constar esta circunstancia en el expediente, junto con el día y la hora en que se intentó la notificación:

a) Intento que se repetirá por una sola.
b) Intento que se repetirá más de una vez.
c) Intento que se repetirá dos veces.

22. En caso de que el primer intento de notificación no fructífero se haya realizado antes de las quince horas:

a) El segundo deberá realizarse a primera hora de la mañana.
b) El segundo deberá realizarse en la misma franja horaria.
c) El segundo debe realizarse después de las quince horas, y viceversa, dejando en todo caso al menos un margen de diferencia de tres horas entre ambos intentos de notificación.

23. Cuando el interesado accediera al contenido de la notificación en sede electrónica:

a) Se le ofrecerá la posibilidad de que el resto de notificaciones se puedan realizar a través de medios electrónicos.
b) Se comunicará que el resto de notificaciones se puedan realizar a través de medios electrónicos.
c) Se obligará a que el resto de notificaciones se puedan realizar a través de medios electrónicos.

24. Las notificaciones por medios electrónicos:

a) Se practicarán mediante comparecencia en la sede electrónica de la Administración u Organismo actuante.

b) Se practicarán a través de la dirección electrónica habilitada única.

c) Todas las respuestas anteriores son correctas.

25. Las notificaciones por medios electrónicos:

a) Se entenderán practicadas en el momento en que se produzca el acceso a su contenido.

b) Se entenderán practicadas el día siguiente al momento en que se produzca el acceso a su contenido.

c) Se entenderán practicadas en el momento en que se realice.

26. Cuando la notificación por medios electrónicos sea de carácter obligatorio:

a) Se entenderá rechazada cuando hayan transcurrido 24 horas naturales desde la puesta a disposición de la notificación sin que se acceda a su contenido.

b) Se entenderá rechazada cuando hayan transcurrido 48 horas naturales desde la puesta a disposición de la notificación sin que se acceda a su contenido.

c) Se entenderá rechazada cuando hayan transcurrido diez días naturales desde la puesta a disposición de la notificación sin que se acceda a su contenido.

27. Cuando la notificación por medios electrónicos haya sido expresamente elegida por el interesado:

a) Se entenderá rechazada cuando hayan transcurrido 24 horas naturales desde la puesta a disposición de la notificación sin que se acceda a su contenido.

b) Se entenderá rechazada cuando hayan transcurrido 48 horas naturales desde la puesta a disposición de la notificación sin que se acceda a su contenido.

c) Se entenderá rechazada cuando hayan transcurrido cuatro días naturales desde la puesta a disposición de la notificación sin que se acceda a su contenido.

28. En el caso de notificaciones infructuosas por ser el interesado desconocido:

a) No se podrá entender hecha nunca.

b) Solo se podrá entender anunciada.

c) La notificación se hará por medio de un anuncio publicado en el «Boletín Oficial del Estado».

29. En el caso de notificaciones infructuosas porque se ignore el lugar de la notificación:

a) No se podrá entender hecha nunca.

b) Solo se podrá entender anunciada.

c) La notificación se hará por medio de un anuncio publicado en el «Boletín Oficial del Estado».

30. En el caso de notificaciones infructuosas porque se ignore el lugar del bien:

a) No se podrá entender hecha nunca.

b) Solo se podrá entender anunciada.

c) La notificación se hará por medio de un anuncio publicado en el «Boletín Oficial del Estado».

Solución al test n.º 6

1. c) En los procedimientos iniciados a solicitud del interesado, la notificación se practicará en el domicilio del interesado. Cuando ello no fuera posible, en cualquier lugar adecuado a tal fin.

2. c) Diez días naturales sin que se acceda al contenido.

3. c) Tres días siguientes. En caso de que el primer intento de notificación se haya realizado antes de las quince horas, el segundo intento deberá realizarse después de las quince horas y viceversa, dejando en todo caso al menos un margen de diferencia de tres horas entre ambos intentos de notificación.

4. c) La notificación se hará por medio de un anuncio publicado en el Boletín Oficial del Estado.

5. c) En el momento en que se produzca el acceso al contenido del acto notificado.

6. c) Cuando la notificación por medios electrónicos sea de carácter obligatorio, se entenderá rechazada cuando hayan transcurrido 10 días hábiles desde la puesta a disposición de la notificación sin que se acceda a su contenido.

7. a) Preferentemente por medios electrónicos y, en todo caso, cuando el interesado resulte obligado a recibirlas por esta vía.

8. b) Se deben realizar por medios electrónicos cuando el interesado esté obligado a recibirlas por esta vía.

9. c) Cuando la notificación se realice con ocasión de la comparecencia espontánea del interesado o su representante en las oficinas de asistencia en materia de registro y solicite la comunicación o notificación personal en ese momento.

10. c) Cuando para asegurar la eficacia de la actuación administrativa resulte necesario practicar la notificación por entrega directa de un empleado público de la Administración notificante.

11. b) Por reglamento.

12. b) Por reglamento.

13. b) Pero no para la práctica de notificaciones.

14. b) No se podrán notificar por medios electrónicos.

15. b) No se podrán notificar por medios electrónicos.

16. c) Son correctas las respuestas a) y b).

17. b) Deberán ser puestas a disposición del interesado en la sede electrónica de la Administración u Organismo actuante para que pueda acceder al contenido de las mismas de forma voluntaria.

18. b) Podrá hacerse cargo de la misma cualquier persona mayor de catorce años que se encuentre en el domicilio y haga constar su identidad.

19. c) Todas las respuestas anteriores son correctas.

20. a) Intento que se repetirá por una sola vez y en una hora distinta dentro de los tres días siguientes.

21. a) Intento que se repetirá por una sola.

22. c) El segundo debe realizarse después de las quince horas, y viceversa, dejando en todo caso al menos un margen de diferencia de tres horas entre ambos intentos de notificación.

23. a) Se le ofrecerá la posibilidad de que el resto de notificaciones se puedan realizar a través de medios electrónicos.

24. c) Todas las respuestas anteriores son correctas.

25. a) Se entenderán practicadas en el momento en que se produzca el acceso a su contenido.

26. c) Se entenderá rechazada cuando hayan transcurrido diez días naturales desde la puesta a disposición de la notificación sin que se acceda a su contenido.

27. c) Se entenderá rechazada cuando hayan transcurrido diez días naturales desde la puesta a disposición de la notificación sin que se acceda a su contenido.

28. c) La notificación se hará por medio de un anuncio publicado en el «Boletín Oficial del Estado».

29. c) La notificación se hará por medio de un anuncio publicado en el «Boletín Oficial del Estado».

30. c) La notificación se hará por medio de un anuncio publicado en el «Boletín Oficial del Estado».

TEST N.º 7

Trabajos con materiales y maquinaria de oficina

1. ¿Qué tipo de escáner se utiliza para escanear elementos frágiles?

a) De rodillo.
b) De tambor.
c) Cenital.

2. Son máquinas reproductoras:

a) Las guillotinadoras.
b) Las encuadernadoras.
c) Los escáneres.

3. Las fotocopiadoras electroestáticas se caracterizan porque:

a) El documento original es barrido por un rayo de luz intensa que proyecta la imagen sobre un tambor por donde se distribuye el tóner, que adhiriéndose a la zona donde hay imagen, reproduce el original.
b) La imagen se transfiere al papel que, al calentarse, fija el pigmento sobre la copia.
c) La imagen a reproducir se proyecta directamente sobre el papel especial cuya superficie queda sensibilizada con cargas eléctricas.

4. En la fase de calentamiento de la fotocopiadora, ¿pueden realizarse copias?

a) Únicamente en las fotocopiadoras profesionales.
b) Sí.
c) No.

5. El fax funciona a través de:

a) La línea eléctrica.
b) La línea telefónica.
c) Ondas de radio.

6. Si vamos a realizar fotocopias sin servirnos del alimentador recirculante de originales, ¿cómo dejaremos la cubierta superior de la máquina?

a) Preferiblemente abierta.
b) Cerrada.
c) Necesariamente abierta.

7. ¿Qué máquinas hacen al papel inservible e ilegible?

a) Las máquinas destructoras.
b) Las máquinas fresadoras.
c) Las taladradoras.

8. De las siguientes, es una impresora de impacto:

a) La impresora láser.
b) La impresora multifunción.
c) La impresora de margarita.

9. La plancha tipográfica en la que se ha reproducido una composición o un grabado para su posterior impresión, se llama:

a) Tóner.
b) Reset.
c) Cliché.

10. El tóner es:

a) La "tinta" de la fotocopiadora.
b) El alimentador de la fotocopiadora.
c) El tono de impresión requerido para una copia.

11. Los escáneres de las fotocopiadoras son del tipo:

a) Escáneres de rodillo.
b) Escáneres de mano.
c) Escáneres de cama plana.

12. ¿Qué impresora contiene una esfera con varios caracteres que gira hasta posicionar el carácter pretendido en frente de un pequeño martillo?

a) Impresora de margarita.
b) Impresora de agujas.
c) Impresora láser.

13. ¿Qué tres colores utilizan las impresoras para hacer copias a color?

a) Negro, amarillo y cián.
b) Amarillo, cián y magenta.
c) Negro, cián y magenta.

14. ¿Cuál de los siguientes envíos postales se considera también un envío de correspondencia?

a) Libros.
b) Tarjetas postales.
c) Catálogos.

15. Los envíos postales, en tanto no lleguen a poder del destinatario:

a) Son propiedad del servicio postal.
b) Son propiedad del remitente.
c) Carecen de propietario.

16. Cualquier servicio consistente en la recogida, la admisión, la clasificación, el transporte, la distribución y la entrega de envíos postales, es:

a) Un servicio postal.
b) Un servicio universal.
c) Un servicio postal universal.

17. Se incluye en el ámbito del servicio postal universal las actividades de recogida, admisión, clasificación, transporte, distribución y entrega de cartas y tarjetas postales que contengan comunicaciones escritas en cualquier tipo de soporte:

a) Sin excepción.
b) De hasta 2 kg de peso.
c) De entre 100 y 1000 gramos.

18. Cada servicio integrado en el servicio postal universal incluirá la recogida, admisión, clasificación, tratamiento, curso, transporte, distribución y entrega de:

a) Paquetes postales cuyo peso no exceda de 2 kilogramos.
b) Cartas y tarjetas postales de hasta 10 kilogramos de peso.
c) Paquetes postales cuyo peso no exceda de 20 kilogramos.

19. ¿Quién tiene la condición de operador designado por el Estado para prestar el servicio postal universal?

a) La Sociedad Estatal Correos y Telégrafos, Sociedad Anónima.
b) Las reglas de la competencia impiden que el Estado pueda designar un operador.
c) Correos y Telégrafos es el operador prestador del servicio postal universal por derecho propio, no por designación.

20. Los envíos postales son:

a) Personales.
b) Cerrados.
c) Inviolables.

21. ¿Cuál de estas condiciones no es propia de una carta?

a) Carácter actual.
b) Envío cerrado.
c) Contenido conocido.

22. ¿Cuál de estas condiciones no es propia de una tarjeta postal?

a) Pieza rectangular de cartulina consistente o material similar.
b) Que circule en sobre abierto.
c) Que circule al descubierto.

23. Señalar la opción incorrecta:

a) La indicación del término de "*tarjeta postal*" en los envíos individuales no implica esta clasificación postal a menos que tenga carácter actual y personal.
b) Los envíos de recibos, facturas, documentos de negocios, estados financieros y cualesquiera otros mensajes que no sean idénticos, tienen la consideración de cartas.
c) Se entiende por envío postal el envío con destinatario, preparado en la forma definitiva en la que deba ser transportado por el operador del servicio postal universal.

24. En el ámbito nacional, no puede acompañarse de un servicio adicional de acuse de recibo, el servicio de:

a) Notificación.
b) Giro postal.
c) Carta ordinaria.

25. Señala la opción incorrecta respecto a los telegramas:

a) Son una transmisión segura e inmediata.
b) Tiene valor de prueba ante jueces y tribunales.
c) El destinatario recibe el escrito original.

26. Consiste en el abono de la tarifa o el precio que corresponde aplicar a un envío postal para su circulación por la red postal pública:

a) El franqueo.
b) El certificado.
c) La franquicia.

27. Señalar la opción incorrecta:

a) El franqueo de los envíos postales puede efectuarse simultáneamente con sellos de correo y estampaciones realizadas con máquinas de franquear.

b) El franqueo, mediante sellos, requerirá su incorporación a la cubierta del envío de que se trate, adhiriéndose siempre que sea posible, en una única fila horizontal, en el ángulo superior derecho de la misma en que figura la dirección.

c) En el lado de la dirección de los envíos podrán adherirse sellos de correos o etiquetas de servicio, e incluso viñetas o etiquetas benéficas, publicitarias o de cualquier otra clase, siempre que lleven impreso las palabras «*España*» y «*Correos*».

28. Los sellos o signos distintivos que estén incorporados a la cubierta del envío postal servirán de franqueo:

a) Siempre que estén oficialmente emitidos y la venta de la cubierta se efectúe previamente a la realización del franqueo.

b) Siempre que estén oficialmente emitidos, siendo la venta de la cubierta y la realización del franqueo efectuadas simultáneamente.

c) No se admiten para su circulación por la red postal pública, envíos con sellos o signos distintivos previamente estampados.

29. Los envíos postales destinados a circular por el territorio nacional que ingresen en la red pública postal sin franqueo o con franqueo insuficiente deberán abonar en concepto de insuficiencia de franqueo, como mínimo:

a) 0,10 €.

b) El doble del franqueo que correspondía.

c) El doble de la insuficiencia.

30. Este sistema de franqueo permite que los sobres o embalajes que contengan los envíos postales incorporen el precio o tarifa de la prestación postal:

a) Franqueo de pago diferido.

b) Prepago.

c) Franqueo en destino.

Solución al test n.º 7

1. c) Cenital.

2. c) Los escáneres.

3. c) La imagen a reproducir se proyecta directamente sobre el papel especial cuya superficie queda sensibilizada con cargas eléctricas.

4. c) No.

5. b) La línea telefónica.

6. b) Cerrada.

7. a) Las máquinas destructoras.

8. c) La impresora de margarita.

9. c) Cliché.

10. a) La "tinta" de la fotocopiadora.

11. c) Escáneres de cama plana.

12. a) Impresora de margarita.

13. b) Amarillo, cian y magenta.

14. b) Tarjetas postales.

15. b) Son propiedad del remitente.

16. a) Un servicio postal.

17. b) De hasta 2 kg de peso.

18. c) Paquetes postales cuyo peso no exceda de 20 kilogramos.

19. a) La Sociedad Estatal Correos y Telégrafos, Sociedad Anónima.

20. c) Inviolables.

21. c) Contenido conocido.

22. b) Que circule en sobre abierto.

23. a) La indicación del término de *"tarjeta postal"* en los envíos individuales no implica esta clasificación postal a menos que tenga carácter actual y personal.

24. c) Carta ordinaria.

25. c) El destinatario recibe el escrito original.

26. a) El franqueo.

27. c) En el lado de la dirección de los envíos podrán adherirse sellos de correos o etiquetas de servicio, e incluso viñetas o etiquetas benéficas, publicitarias o de cualquier otra clase, siempre que lleven impreso las palabras «*España*» y «*Correos*».

28. b) Siempre que estén oficialmente emitidos, siendo la venta de la cubierta y la realización del franqueo efectuadas simultáneamente.

29. c) El doble de la insuficiencia.

30. b) Prepago.

TEST N.º 8

Prevención de Riesgos laborales

1. Para calificar un riesgo desde el punto de vista de su gravedad, se valorarán conjuntamente la severidad del daño y:

a) La probabilidad de que se produzca.
b) La cantidad de trabajadores de la empresa.
c) La existencia o no de equipos individuales de protección.

2. La Ley 31/1995 tiene por objeto la determinación del cuerpo básico de .... y responsabilidades preciso para establecer un adecuado nivel de protección de la salud de los trabajadores frente a los riesgos derivados de las condiciones de trabajo. Señala la palabra que falta:

a) Derechos.
b) Obligaciones.
c) Garantías.

3. Se consideran procesos potencialmente peligrosos:

a) Aquellos que, en ausencia de medidas preventivas específicas, originen riesgos para la seguridad y la salud de los trabajadores que los desarrollan o utilizan.
b) Cualquier característica del mismo que pueda tener una influencia significativa en la generación de riesgos para la seguridad y la salud del trabajador.
c) Aquellos que, en presencia de medidas preventivas específicas, originen riesgos para la seguridad y la salud de los trabajadores que los desarrollan o utilizan.

4. En el caso de exposición a agentes susceptibles de causar daños graves a la salud de los trabajadores, se considerará que existe un riesgo grave e inminente:

a) Cuando sea improbable racionalmente que se materialice en un futuro inmediato una exposición a dichos agentes de la que puedan derivarse daños graves para la salud, aun cuando estos puedan manifestarse de forma inmediata.

b) Cuando sea probable racionalmente que se materialice en un futuro inmediato una exposición a dichos agentes de la que puedan derivarse daños graves para la salud, siempre que estos se manifiesten de forma inmediata.

c) Cuando sea probable racionalmente que se materialice en un futuro inmediato una exposición a dichos agentes de la que puedan derivarse daños graves para la salud, aun cuando estos no se manifiesten de forma inmediata.

5. Toda lesión corporal que el trabajador sufra con ocasión o por consecuencia del trabajo que ejecute por cuenta ajena, se considera:

a) Enfermedad profesional.
b) Accidente de trabajo.
c) Condición de trabajo.

6. ¿Qué se entiende por "riesgo laboral"?

a) La posibilidad de que un trabajador sufra un determinado daño derivado del trabajo.
b) La posibilidad de que un trabajador sufra una enfermedad en el trabajo.
c) La posibilidad de que un trabajador sufra acoso.

7. Indica cuál es la definición de prevención:

a) La probabilidad racional de que un riesgo se materialice de forma inminente.
b) El estudio de los procesos potencialmente peligrosos para el trabajo.
c) Conjunto de actividades o medidas adoptadas o previstas en todas las fases de actividad de la empresa con el fin de evitar o disminuir los riesgos derivados del trabajo.

8. Definición de «equipo de protección individual»:

a) Cualquier equipo que permita realizar el trabajo con seguridad y comodidad.
b) Cualquier equipo de uso exclusivo de un trabajador para su protección y que esté homologado.
c) Cualquier equipo destinado a ser llevado o sujetado por el trabajador para que le proteja de uno o varios riesgos que puedan amenazar su seguridad o su salud en el trabajo.

9. Según establece el art. 4 de la Ley 31/1995, de 8 de noviembre, de Prevención de Riesgos Laborales, se define como daños derivados del trabajo:

a) La posibilidad de que un trabajador sufra un determinado daño derivado del trabajo.
b) El que resulte probable racionalmente que se materialice en un futuro inmediato y pueda suponer un daño grave para la salud de los trabajadores.
c) Las enfermedades, patologías o lesiones sufridas con motivo u ocasión del trabajo.

10. Se considera como "condición de trabajo"

a) Cualquier característica del trabajo que pueda tener una influencia significativa en la generación de riesgos para la seguridad y la salud del trabajador, quedando excluidas las características generales de los locales e instalaciones, existentes en el centro de trabajo.

b) La naturaleza de los agentes físicos, químicos y biológicos presentes en el ambiente de trabajo y sus correspondientes intensidades, concentraciones o niveles de presencia además de las instalaciones, incluidas las características organizativas del trabajo.

c) Todas aquellas características del trabajo, excluidas las relativas a su organización y ordenación, que influyan en la magnitud de los riesgos a que esté expuesto el trabajador.

11. Señala la respuesta incorrecta:

a) La Ley de Prevención de Riesgos Laborales se aplica a los operativos de Seguridad civil en casos de catástrofe.

b) La Ley de Prevención de Riesgos Laborales se aplica a las sociedades cooperativas.

c) En los establecimientos penitenciarios, se adaptarán a la Ley de Prevención de Riesgos Laborales aquellas actividades cuyas características justifiquen una regulación especial.

12. Entre los principios de la acción preventiva recogidos por el artículo 15 de la Ley de Prevención de Riesgos Laborales, no figura:

a) Evitar los riesgos.
b) Evaluar los riesgos que se puedan evitar.
c) Tener en cuenta la evolución de la técnica.

13. Podrán realizar el plan de prevención de riesgos laborales, la evaluación de riesgos y la planificación de la actividad preventiva de forma simplificada, en atención a la naturaleza y peligrosidad de las actividades realizadas, empresas cuyo número de trabajadores no exceda de:

a) 30.
b) 50.
c) 100.

14. Según la Ley de Prevención de Riesgos Laborales, es obligación de los trabajadores en materia de prevención de riesgos:

a) La protección eficaz en materia de seguridad y salud en el trabajo.
b) Utilizar correctamente los medios y equipos de protección facilitados por el empresario, de acuerdo con las instrucciones recibidas de éste.
c) Soportar el coste de las medidas relativas a la seguridad y la salud en el trabajo.

15. Cuando los trabajadores estén expuestos a un riesgo grave e inminente con ocasión de su trabajo, y el empresario no adopte o no permita la adopción de las medidas necesarias para garantizar la seguridad y la salud de los trabajadores, la Ley 31/1995, de 8 de noviembre, de Prevención de Riesgos Laborales prevé que:

a) El órgano de representación del personal instará formalmente al empresario a la adopción de las medidas necesarias.

b) Los Delegados de Prevención lo comunicarán a la autoridad laboral, que adoptará las medidas necesarias.

c) El órgano de representación de personal podrá acordar la paralización de la actividad.

16. Al sistema de acciones y medidas encaminadas a prevenir y controlar los riesgos sobre las personas y los bienes, a dar respuesta adecuada a las posibles situaciones de emergencia y a garantizar la integración de estas actuaciones con el sistema público de protección civil, se le denomina:

a) Prevención.

b) Autoprotección.

c) Previsión.

17. ¿Quién es el responsable de activar el Plan de Actuación en Emergencias?

a) El titular de la actividad, si es una persona física, o la persona que le represente si es una persona jurídica.

b) La autoridad competente de Protección Civil.

c) El Director del propio Plan de Actuación en Emergencias.

18. A efectos de la Norma Básica de Autoprotección, se entiende por alarma:

a) El aviso o señal por la que se informa a las personas para que sigan instrucciones específicas ante una situación de emergencia.

b) El conjunto de operaciones o tareas que puedan dar origen a accidentes o sucesos que generen situaciones de emergencia.

c) La situación declarada con el fin de tomar precauciones específicas debido a la probable y cercana ocurrencia de un suceso o accidente.

19. A efectos de la Norma Básica de Autoprotección, la probabilidad de que se produzca un efecto dañino específico en un periodo de tiempo determinado o en circunstancias determinadas, se denomina:

a) Riesgo.

b) Peligro.

c) Alerta.

20. A efectos de la Norma Básica de Autoprotección, al máximo número de personas que puede contener un edificio, espacio, establecimiento, recinto, instalación o dependencia, en función de la actividad o uso que en él se desarrolle, se le llama:

a) Aforo.
b) Volumen.
c) Ocupación.

21. A efectos de la Norma Básica de Autoprotección, a la vuelta a la normalidad y reanudación de la actividad, se le denomina:

a) Reingreso.
b) Rehabilitación.
c) Normalización.

22. A efectos de la Norma Básica de Autoprotección, riesgo es:

a) Elemento natural o técnico cuya función habitual no está asociada a las tareas de autoprotección y cuya disponibilidad hace posible o mejora las labores de prevención y actuación ante emergencias.
b) Probabilidad de que se produzca un efecto dañino específico en un periodo de tiempo determinado o en circunstancias determinadas.
c) Grado de pérdida o daño esperado sobre las personas y los bienes y su consiguiente alteración de la actividad socioeconómica, debido a la ocurrencia de un efecto dañino específico.

23. Avisar de la forma más rápida a los equipos de emergencia del propio establecimiento e informar al resto de los equipos y solicitar en su caso ayudas de intervención externa, cuando se produce una emergencia, es:

a) Alarmar.
b) Alertar.
c) Apremiar.

24. Aquella situación en la que los parámetros definidores del riesgo, evidencian que la materialización del mismo, puede ser inminente, se denomina:

a) Preemergencia.
b) Conato.
c) Emergencia parcial.

25. Aquella situación que puede ser controlada y solucionada de forma sencilla y rápida por el personal y medios de protección del local, dependencias o sector, se llama:

a) Preemergencia.
b) Conato de emergencia.
c) Emergencia parcial.

26. Aquella situación que, para ser dominada, requiere la actuación de equipos especiales del sector, se denomina:

a) Emergencia básica.
b) Preemergencia.
c) Emergencia parcial.

27. ¿A quién corresponde establecer la situación de emergencia en función del nivel de gravedad?

a) Al Jefe de Intervención.
b) Al Director del Plan de Actuación.
c) Al responsable de los Servicios Públicos de Extinción de Incendios y Salvamento.

28. En un plan de autoprotección, ¿a qué se denominan "Equipos de Primera Intervención" (EPI)?

a) Son los que en una situación de emergencia organizan en primer lugar la evacuación del edificio a la espera de las instrucciones del Jefe de Emergencia.
b) Son los que en una situación de emergencia acuden al lugar donde se haya producido la emergencia para intentar su control y poner en funcionamiento el sistema de alarma.
c) También llamados Equipos de Protección Individual, incluyen cualquier equipo destinado a ser llevado o sujetado por el trabajador para que le proteja de los riesgos para su seguridad y salud laboral.

29. Asume la dirección y coordinación de los equipos de emergencia en el lugar del accidente:

a) El Jefe de Intervención.
b) El Director del Plan de Actuación.
c) El responsable de los Servicios Públicos de Extinción de Incendios y Salvamento.

30. El color de seguridad para las señales de advertencia es:

a) El rojo.
b) El azul.
c) El amarillo o amarillo anaranjado.

31. Las señales de prohibición tendrán forma:

a) Rectangular.
b) De rombo.
c) Redonda.

32. Según el Real Decreto 513/2017, de 22 de mayo, por el que se aprueba el Reglamento de instalaciones de protección contra incendios y la norma UNE-EN2, para un fuego de clase C, utilizaremos un agente extintor:

a) Específico para fuegos de metales.
b) Específico para fuegos de materiales sólidos, generalmente de naturaleza orgánica, cuya combinación se realiza normalmente por la formación de brasas.
c) Específico para fuegos de gases.

33. Cuál de los siguientes es un principio rector del Plan de Prevención del Cabildo de Gran Canaria:

a) Fomentar el cumplimiento de las normas de seguridad y salud.
b) Proporcionar una protección eficaz en seguridad y salud a todos los/as trabajadores/as.
c) Modelo de prevención participativo, basado en el derecho de los/as trabajadores/as a participar activamente en todo aquello que pueda afectar a su seguridad y salud en el trabajo, para tomar las acciones necesarias para su protección.

34. Para llevar a cabo los principios rectores del Plan de Prevención, el Cabildo de Gran Canaria se compromete a:

a) Impregnar al conjunto de la actividad de la Corporación con los principios de la política de prevención de riesgos laborales.
b) La mejora continua de las condiciones de trabajo y de todos los ámbitos de actuación.
c) Priorizar los sistemas de protección individual frente a las medidas de protección colectiva.

35. A quién corresponde la aprobación de la Política de Prevención del Cabildo de Gran Canaria:

a) Al Presidente de la Corporación.
b) Al Servicio de Prevención de Riesgos Laborales.
c) Al Comité de Seguridad y Salud.

36. El Comité de Seguridad y Salud del Cabildo de Gran Canaria se reunirá:

a) Mensualmente, y siempre que lo solicite alguna de las representaciones en el mismo.
b) Trimestralmente, y siempre que lo solicite alguna de las representaciones en el mismo.
c) Semestralmente, y siempre que lo solicite alguna de las representaciones en el mismo.

37. Es una función de los/as Coordinadores/as generales, Directores/as generales, Jefes/as de Servicio y Directores/as de centros:

a) Formar a los/as trabajadores/as para la correcta realización de las tareas que tengan asignadas y detectar las carencias al respecto.

b) Promover la divulgación a todos los niveles del interés expresado en la Política General mediante los adecuados programas de formación e información.

c) Proponer el Manual del Plan de Prevención de Riesgos Laborales y someterlo a su aprobación por el Consejo de Gobierno Insular.

38. El Director/a del Plan de Prevención realizará una reunión con los/as Directores/as Generales y Jefes/as de Servicio, para tratar de forma monográfica la implantación y seguimiento del Plan de Prevención, cumplimiento de objetivos, análisis de las conclusiones de la auditoría de prevención, acciones derivadas de las actividades del Plan de Prevención, estado de tales acciones, exigencias de cumplimiento, resultados de accidentalidad, comentario de normas generales, revisiones de informes de seguimiento de las acciones preventivas, etc., al menos:

a) Cada 3 meses.
b) Cada 6 meses.
c) Anualmente.

39. En relación a la vigilancia de la salud de los trabajadores del Cabildo de Gran Canaria, NO es cierto que:

a) Los exámenes de salud siempre tendrán carácter voluntario.

b) La vigilancia será desempeñada por el Servicio de Prevención por medio del Médico Especialista en Medicina del Trabajo y el ATS/DUE de Empresa, sin perjuicio de la participación de otros profesionales sanitarios con competencia técnica, formación y capacidad acreditada.

c) Los exámenes de salud serán gratuitos para los/las trabajadores/as.

40. En todo caso, el Cabildo someterá su sistema de prevención al control de una auditoría externa por una persona o entidad acreditada para tal fin, para permitir la adopción de decisiones dirigidas a su perfeccionamiento y mejora. Tal auditoría externa se realizará:

a) Anualmente.
b) Cada 3 años.
c) Cada 4 años.

Solución al test n.º 8

1. a) La probabilidad de que se produzca.

2. c) Garantías.

3. a) Aquellos que, en ausencia de medidas preventivas específicas, originen riesgos para la seguridad y la salud de los trabajadores que los desarrollan o utilizan.

4. c) Cuando sea probable racionalmente que se materialice en un futuro inmediato una exposición a dichos agentes de la que puedan derivarse daños graves para la salud, aun cuando estos no se manifiesten de forma inmediata.

5. b) Accidente de trabajo.

6. a) La posibilidad de que un trabajador sufra un determinado daño derivado del trabajo.

7. c) Conjunto de actividades o medidas adoptadas o previstas en todas las fases de actividad de la empresa con el fin de evitar o disminuir los riesgos derivados del trabajo.

8. c) Cualquier equipo destinado a ser llevado o sujetado por el trabajador para que le proteja de uno o varios riesgos que puedan amenazar su seguridad o su salud en el trabajo.

9. c) Las enfermedades, patologías o lesiones sufridas con motivo u ocasión del trabajo.

10. b) La naturaleza de los agentes físicos, químicos y biológicos presentes en el ambiente de trabajo y sus correspondientes intensidades, concentraciones o niveles de presencia además de las instalaciones, incluidas las características organizativas del trabajo.

11. a) La Ley de Prevención de Riesgos Laborales se aplica a los operativos de Seguridad civil en casos de catástrofe.

12. b) Evaluar los riesgos que se puedan evitar.

13. b) 50.

14. b) Utilizar correctamente los medios y equipos de protección facilitados por el empresario, de acuerdo con las instrucciones recibidas de éste.

15. c) El órgano de representación de personal podrá acordar la paralización de la actividad.

16. b) Autoprotección.

17. c) El Director del propio Plan de Actuación en Emergencias.

18. a) El aviso o señal por la que se informa a las personas para que sigan instrucciones específicas ante una situación de emergencia.

19. b) Peligro.

20. c) Ocupación.

21. b) Rehabilitación.

22. c) Grado de pérdida o daño esperado sobre las personas y los bienes y su consiguiente alteración de la actividad socioeconómica, debido a la ocurrencia de un efecto dañino específico.

23. b) Alertar.

24. a) Preemergencia.

25. b) Conato de emergencia.

26. c) Emergencia parcial.

27. b) Al Director del Plan de Actuación.

28. b) Son los que en una situación de emergencia acuden al lugar donde se haya producido la emergencia para intentar su control y poner en funcionamiento el sistema de alarma.

29. a) El Jefe de Intervención.

30. c) El amarillo o amarillo anaranjado.

31. c) Redonda.

32. c) Específico para fuegos de gases.

33. a) Fomentar el cumplimiento de las normas de seguridad y salud.

34. b) La mejora continua de las condiciones de trabajo y de todos los ámbitos de actuación.

35. a) Al Presidente de la Corporación.

36. b) Trimestralmente, y siempre que lo solicite alguna de las representaciones en el mismo.

37. a) Formar a los/as trabajadores/as para la correcta realización de las tareas que tengan asignadas y detectar las carencias al respecto.

38. c) Anualmente.

39. a) Los exámenes de salud siempre tendrán carácter voluntario.

40. c) Cada 4 años.

TEST N.º 9

El silencio administrativo

1. Conforme al artículo 24.1 de la Ley 39/2015, de 1 de octubre, de Procedimiento Administrativo Común de las Administraciones Públicas, en los procedimientos iniciados a solicitud del interesado, sin perjuicio de la resolución que la Administración debe dictar, el vencimiento del plazo máximo sin haberse notificado resolución expresa legitima al interesado o interesados que hubieran deducido la solicitud para entenderla:

a) Desestimada por silencio administrativo, excepto en los supuestos en los que una norma con rango de ley por razones imperiosas de interés general o una norma de Derecho de la Unión Europea establezcan lo contrario.

b) Estimada por silencio administrativo, excepto en los supuestos en los que una norma con rango de ley por razones imperiosas de interés general o una norma de Derecho comunitario establezcan lo contrario.

c) Caducada por silencio administrativo, excepto en los supuestos en los que una norma con rango de ley por razones imperiosas de interés general o una norma de la Unión Europea o de Derecho Internacional aplicable en España establezcan lo contrario.

2. Señala la respuesta incorrecta. Asimismo, de acuerdo con el artículo 24.1.de la Ley 39/2015, de 1 de octubre, de Procedimiento Administrativo Común de las Administraciones Públicas el silencio tendrá efecto desestimatorio en los procedimientos:

a) Relativos al ejercicio del derecho de petición, a que se refiere el artículo 29 de la Constitución,

b) Aquellos cuya estimación tuviera como consecuencia que se transfirieran al solicitante o a terceros facultades relativas al dominio público o al servicio público.

c) Cuando el recurso de alzada se haya interpuesto contra la desestimación por silencio administrativo de una solicitud por el transcurso del plazo, llegado el plazo de resolución, el órgano administrativo competente no dictase y notificase resolución expresa.

3. La obligación de dictar resolución expresa a que se refiere el apartado prime-ro del artículo 21 de la Ley 39/2015, de 1 de octubre, de Procedimiento Administrativo Común de las Administraciones Públicas, se sujetará al siguiente régimen:

a) En los casos de estimación por silencio administrativo, la resolución expresa poste-rior a la producción del acto se adoptará por la Administración sin vinculación alguna al sentido del silencio.

b) En los casos de desestimación por silencio administrativo, la resolución expresa posterior al vencimiento del plazo solo podrá dictarse de ser confirmatoria del mismo.

c) En los casos de desestimación por silencio administrativo, la resolución expresa posterior al vencimiento del plazo se adoptará por la Administración sin vinculación al-guna al sentido del silencio.

4. En los procedimientos iniciados de oficio, el vencimiento del plazo máximo esta-blecido sin que se haya dictado y notificado resolución expresa, produce los siguientes efectos, en el caso de procedimientos de los que pudiera derivarse el reconocimiento o, en su caso, la constitución de derechos u otras situaciones jurídicas favorable:

a) Desestimada por silencio administrativo.

b) Estimada por silencio administrativo.

c) Caducada por silencio administrativo.

5. En los procedimientos en que la Administración ejercite potestades sanciona-doras o, en general, de intervención, susceptibles de producir efectos desfavorables o de gravamen, se producirá de acuerdo con el artículo 25 de la Ley 39/2015, de 1 de octubre, de Procedimiento Administrativo Común de las Administraciones Públicas:

a) Desestimación por silencio administrativo.

b) Estimación por silencio administrativo.

c) Caducidad por silencio administrativo.

6. El silencio administrativo:

a) Tendrá efectos estimatorios con carácter general.

b) Tendrá efectos desestimatorios con carácter general.

c) Tendrá efectos desestimatorios salvo cuando una norma con rango de ley, por razones imperiosas de interés general o una norma de derecho comunitario establezcan lo contrario.

7. Completa el texto. En los procedimientos iniciados a solicitud de interesado se establece como regla general en el artículo 24.1 de la Ley 39/2015, de 1 de octubre "...el vencimiento del plazo máximo, sin haberse notificado resolución expresa, le-gitima al interesado o interesados para entenderla ... por silencio administrativo":

a) Desestimada.

b) Estimada.

c) Anulable.

8. En los procedimientos administrativos iniciados a solicitud de interesado se produce con carácter general:

a) Silencio administrativo positivo.
b) Silencio administrativo negativo.
c) Siempre habrá que estar a lo que disponga la norma reguladora de cada procedimiento.

9. Conforme a la Ley 39/2015, de 1 octubre, de Procedimiento Administrativo Común de las Administraciones Públicas, en los procedimientos iniciados de oficio, el vencimiento del plazo máximo establecido sin que se haya dictado y notificado resolución expresa producirá los siguientes efectos:

a) Producirá en todo caso su caducidad.
b) Los interesados podrán entender estimadas sus pretensiones por silencio administrativo en todo caso.
c) Producirá la caducidad o podrán los interesados entender desestimadas sus pretensiones por silencio administrativo.

10. Según la Ley 39/2015, de 1 octubre, de Procedimiento Administrativo Común de las Administraciones Públicas, en procedimientos iniciados a solicitud del interesado el silencio administrativo:

a) Tendrá efecto desestimatorio en los procedimientos de impugnación de actos y disposiciones.
b) Tendrá efecto estimatorio en todos los casos, dada la obligación de la Administración de responder en plazo.
c) Tendrá efecto desestimatorio en procedimientos de petición.

11. De acuerdo con el artículo 24.3 de la Ley 39/2015, de 1 de octubre, del Procedimiento Administrativo Común de las Administraciones Públicas, la obligación de dictar resolución expresa a que se refiere el apartado primero del artículo 21 de la misma, se sujetará al siguiente régimen:

a) En los casos de desestimación por silencio administrativo, la resolución posterior al vencimiento del plazo se adoptará por la Administración confirmando la desestimación.
b) En los casos de estimación por silencio administrativo, la resolución expresa posterior a la producción del acto podrá dictarse sin vinculación alguna al sentido del silencio.
c) En los casos de desestimación por silencio administrativo, la resolución expresa posterior al vencimiento del plazo se adoptará por la Administración sin vinculación alguna al sentido del silencio.

12. El certificado acreditativo del silencio producido se expedirá de oficio por el órgano competente para resolver desde que expire el plazo máximo para resolver el procedimiento en el plazo de:

a) Diez días.
b) Quince días.
c) Veinte días.

13. El interesado podrá pedir el certificado acreditativo del silencio producido:

a) En cualquier momento.
b) Quince días.
c) Veinte días.

14. En los procedimientos en que la Administración ejercite potestades sancionadoras o, en general, de intervención, susceptibles de producir efectos desfavorables o de gravamen, se producirá la caducidad. En estos casos, la resolución que declare la caducidad ordenará:

a) La prescripción de las infracciones, con los efectos previstos en el artículo 95.
b) El archivo de las actuaciones, con los efectos previstos en el artículo 95.
c) La prescripción de las sanciones, con los efectos previstos en el artículo 95.

15. Señala la respuesta incorrecta respecto al silencio administrativo en los procedimientos iniciados a solicitud del interesado:

a) La desestimación por silencio administrativo tiene los solos efectos de permitir a los interesados la interposición del recurso administrativo o contencioso-administrativo que resulte procedente.
b) La estimación por silencio administrativo tiene a todos los efectos la consideración de acto administrativo finalizador del procedimiento.
c) El silencio tendrá efecto estimatorio en los procedimientos relativos al ejercicio del derecho de petición, a que se refiere el artículo 29 de la Constitución.

16. Señala la respuesta incorrecta respecto al silencio administrativo en los procedimientos iniciados a solicitud del interesado:

a) El sentido del silencio será estimatorio en los procedimientos de impugnación de actos y disposiciones.
b) La estimación por silencio administrativo tiene a todos los efectos la consideración de acto administrativo finalizador del procedimiento.
c) Cuando el procedimiento tenga por objeto el acceso a actividades o su ejercicio, la ley que disponga el carácter desestimatorio del silencio deberá fundarse en la concurrencia de razones imperiosas de interés general.

17. Señala la respuesta incorrecta respecto al silencio administrativo en los procedimientos iniciados a solicitud del interesado:

a) Los actos administrativos producidos por silencio administrativo se podrán hacer valer tanto ante la Administración como ante cualquier persona física o jurídica, pública o privada.

b) Cuando el recurso de alzada se haya interpuesto contra la desestimación por silencio administrativo de una solicitud por el transcurso del plazo, se entenderá estimado el mismo si, llegado el plazo de resolución, el órgano administrativo competente no dictase y notificase resolución expresa, siempre que no se refiera a las materias enumeradas en el párrafo anterior de este apartado.

c) El sentido del silencio será estimatorio en los procedimientos de revisión de oficio iniciados a solicitud de los interesados.

18. ¿Ante quién se podrán hacer valer los actos administrativos producidos por silencio administrativo?

a) Ante cualquier persona física.
b) Ante cualquier persona jurídica, pública o privada.
c) Todas las respuestas son correctas.

19. Según la Ley 39/2015, en los casos de desestimación de una solicitud por silencio administrativo, la resolución expresa posterior al vencimiento del plazo:

a) Solo podrá ser estimatoria.
b) Se adoptará sin vinculación alguna al sentido del silencio administrativo.
c) Será nula de pleno derecho.

Solución al test n.º 9

1. b) Estimada por silencio administrativo, excepto en los supuestos en los que una norma con rango de ley por razones imperiosas de interés general o una norma de Derecho comunitario establezcan lo contrario.

2. c) Cuando el recurso de alzada se haya interpuesto contra la desestimación por silencio administrativo de una solicitud por el transcurso del plazo, llegado el plazo de resolución, el órgano administrativo competente no dictase y notificase resolución expresa.

3. c) En los casos de desestimación por silencio administrativo, la resolución expresa posterior al vencimiento del plazo se adoptará por la Administración sin vinculación alguna al sentido del silencio.

4. a) Desestimada por silencio administrativo.

5. c) Caducidad por silencio administrativo.

6. a) Tendrá efectos estimatorios con carácter general.

7. b) Estimada.

8. a) Silencio administrativo positivo.

9. c) Producirá la caducidad o podrán los interesados entender desestimadas sus pretensiones por silencio administrativo.

10. a) Tendrá efecto desestimatorio en los procedimientos de impugnación de actos y disposiciones.

11. c) En los casos de desestimación por silencio administrativo, la resolución expresa posterior al vencimiento del plazo se adoptará por la Administración sin vinculación alguna al sentido del silencio.

12. b) Quince días.

13 a) En cualquier momento.

14. b) El archivo de las actuaciones, con los efectos previstos en el artículo 95.

15. c) El silencio tendrá efecto estimatorio en los procedimientos relativos al ejercicio del derecho de petición, a que se refiere el artículo 29 de la Constitución.

16. a) El sentido del silencio será estimatorio en los procedimientos de impugnación de actos y disposiciones.

17. c) El sentido del silencio será estimatorio en los procedimientos de revisión de oficio iniciados a solicitud de los interesados.

18. c) Todas las respuestas son correctas.

19. b) Se adoptará sin vinculación alguna al sentido del silencio administrativo.

TEST N.º 10

Informática

1. ¿Qué afirmación es correcta al respecto de Internet?

a) Internet es una red de ordenadores centralizada.
b) Internet es una red de ordenadores descentralizada.
c) Internet es un conjunto de ordenadores sin relación de ningún tipo.

2. ¿Cuándo apareció el primer navegador Web?

a) En 1980.
b) En 1989.
c) En 1990.

3. Indica cuál de las siguientes opciones no es un navegador de Internet:

a) Edge.
b) Chrome.
c) Filezilla.

4. Para ver el histórico de navegación en Edge, podemos hacer uso de la combinación de teclas:

a) Ctrl + Mayús + H.
b) Ctrl + H.
c) Mayús + H.

5. ¿Qué formato de compresión de imágenes se suele usar para las webs?

a) RAW.
b) MPEG.
c) JPG.

6. Los enlaces a páginas web o partes de un documento se denominan:

a) Vínculos.
b) Anclas.
c) Extensiones.

7. ¿Como se denomina al objeto referente a guardar una página web para visitarla de forma más fácil posteriormente?

a) Marcador.
b) Favorito.
c) Las dos respuestas anteriores son correctas.

8. La memoria donde se carga parte de la página web que se visita para navegar más rápido y transmitir únicamente los cambios en la misma se denomina:

a) Cookie.
b) Caché.
c) Historial.

9. ¿Qué son las cookies de un navegador Web?

a) Son una memoria para acceder más rápidamente a las webs.
b) Son los datos del usuario que se almacenan al acceder a ciertas webs para agilizar su uso en futuros accesos.
c) Son elementos que dificultan la navegación a través de internet.

10. ¿Qué servicios se pueden utilizar para hacer copias de seguridad de datos o compartir archivos en la nube?

a) Facebook.
b) DropBox.
c) Twitter.

11. Para navegar con seguridad es conveniente realizar ¿cuál de las siguientes opciones?

a) Entrar solo en sitios conocidos.
b) Usar antivirus.
c) Todas las respuestas anteriores son correctas.

12. Los iconos del escritorio se activan haciendo doble clic con el ratón o con el dedo en pantallas táctiles y pueden ser de tres tipos:

a) Programas, Carpetas y Accesos directos.
b) Programas, Carpetas y Aplicaciones.
c) Programas, Aplicaciones y Accesos directos.

13. Si al usar la papelera de reciclaje nos encontramos con que no aparece en el escritorio de Windows 10, podremos activarla desde:

a) Configuración > Personalización > Temas > Configuración de iconos de escritorio.
b) Personalización > Configuración > Temas > Configuración de iconos de escritorio.
c) Personalización > Configuración > Iconos > Configuración de iconos de escritorio.

14. La combinación de teclas Windows + D:

a) Maximiza la ventana activa.
b) Restaura la ventana activa.
c) Minimiza todas las ventanas abiertas, y despeja el escritorio cuando se pulsa, y las restablecerá a su posición original al volverla a pulsar.

15. Indica cuál de las siguientes se considera una dirección de correo válida:

a) persona@proveedorcom
b) www.proveedor.com
c) cta@cts.es

16. Cuando un usuario envía un correo:

a) El mensaje se dirige primero hasta el buzón de correo de su proveedor de internet.
b) El mensaje se dirige primero hasta el buzón de correo del proveedor de internet del destinatario.
c) El mensaje se dirige primero hasta el buzón de correo del proveedor de internet del destinatario si es de tipo POP.

17. La carpeta de correo no deseado o Spam contiene:

a) Correos recibidos con origen desconocido.
b) Correos enviados con destino sospechoso.
c) Correos recibidos o enviados con origen desconocido.

18. La opción "Responder a todos":

a) Responde al remitente y a los usuarios de la lista de contactos seleccionados previamente.
b) Responde al remitente y al resto de usuarios que estén en el mensaje.
c) Responde al remitente y solo a los usuarios del mensaje que estén en el CC.

19. Los destinatarios del campo CC:

a) No son visibles para los del campo CCO.
b) Solo son visibles para los del campo PARA.
c) Son visibles para todos los destinatarios.

20. Al reenviar un mensaje en el asunto aparecerá:

a) RE:
b) RW:
c) RV.

Solución al test n.º 10

1. b) Internet es una red de ordenadores descentralizada.

2. c) En 1990.

3. c) Filezilla.

4. a) Ctrl + H.

5. c) JPG.

6. a) Vínculos.

7. c) Las dos respuestas anteriores son correctas.

8. b) Caché.

9. b) Son los datos del usuario que se almacenan al acceder a ciertas web para agilizar su uso en futuros accesos.

10. b) DropBox.

11. c) Todas las respuestas anteriores son correctas.

12. a) Programas, Carpetas y Accesos directos.

13. a) Configuración > Personalización > Temas > Configuración de iconos de escritorio.

14. c) Minimiza todas las ventanas abiertas, y despeja el escritorio cuando se pulsa, y las restablecerá a su posición original al volverla a pulsar.

15. c)cta@cts.es.

16. a) El mensaje se dirige primero hasta el buzón de correo de su proveedor de internet.

17. a) Correos recibidos con origen desconocido.

18. b) Responde al remitente y al resto de usuarios que estén en el mensaje.

19. c) Son visibles para todos los destinatarios.

20. c) RV.

Cómo acceder al Curso

Subalterno/a
Test del temario

El uso de los códigos **es exclusivo de los compradores de los productos de Editorial MAD**. Cada producto posee un código único y de un solo uso. Es personal e intransferible y da acceso a servicios y contenidos adicionales. Editorial MAD se reserva el derecho de hacer cuantas comprobaciones sean necesarias para identificar al legítimo poseedor del código y dejar de dar servicio a quien haga uso fraudulento del mismo, además de emprender cuantas acciones legales estime oportunas según la legislación vigente.

Deberás acceder a:

mad.es/registro-campus

Si una vez aceptadas las condiciones de uso del Campus decides hacer uso del mismo, necesitarás del siguiente código de acceso junto con los códigos del resto de títulos que se exigen (si fuera el caso):

E6JKDA84R3